I0189069

ち

Tusculum-Bücherei

Herausgegeben von H. Färber und M. Faltner

PLATON

ION

Griechisch-deutsch herausgegeben

von

HELLMUT FLASHAR

ERNST HEIMERAN VERLAG · MÜNCHEN

Titelbild: Nach einer Schale aus Vulci um 450 v.Chr.
München

1. Auflage 1963 – 335 – Printed in Germany
Druck: H. Laupp jr – Binden: Heinr. Koch, beide Tübingen

Ein Dichter ist Schöpfer eines Volkes um sich: er gibt ihnen eine Welt zu sehen und hat ihre Seelen in seiner Hand, sie dahin zu führen. So soll's seyn, so war's ehemals: immer aber und überall kann nur ein Gott solche Dichter geben. Was Menschenwerk ist, folgt auch menschlichen Sitten um sich her; es ist von der Erde und spricht irdisch. Der Sänger, der vom Olymp kömmt, ist über alle, und eben der Stab seiner Würkung ist das Kreditiv seines Berufs. Wie der Magnet das Eisen, kann er Herzen an sich ziehen und wie der elektrische Funke allgegenwärtig durchdringt, so trifft auch sein Blitz, wo er will, die Seele.

Herder

1. ΣΩΚΡΑΤΗΣ. Τὸν Ἴωνα χαίρειν. πόθεν τὰ νῦν ἡμῖν 5 ἐπιδεδήμηκας; ἢ οἴκοθεν ἐξ Ἐφέσου;

Ἴ ω ν. Οὐδαμῶς, ὦ Σώκρατες, ἀλλ' ἐξ Ἐπιδαύρου ἐκ τῶν Ἀσκληπιείων.

Σ ω κ ρ ά τ η ς. Μῶν καὶ ῥαψῳδῶν ἀγῶνα τιθέασιν τῷ θεῷ οἱ Ἐπιδαύριοι;

Ἴ ω ν. Πάνυ γε, καὶ τῆς ἄλλης γε μουσικῆς.

Σ ω κ ρ ά τ η ς. Τί οὖν; ἠγωνίζου τι ἡμῖν; καὶ πῶς τι ἠγωνίσω;

Ἴ ω ν. Τὰ πρῶτα τῶν ἄθλων ἠνεγ¹κάμεθα, ὦ Σώκρατες. ᵇ

Σ ω κ ρ ά τ η ς. Εὖ λέγεις· ἄγε δὴ ὅπως καὶ τὰ Παναθήναια νικήσομεν.

Ἴ ω ν. Ἀλλ' ἔσται ταῦτα, ἐὰν θεὸς ἐθέλῃ.

Σ ω κ ρ ά τ η ς. Καὶ μὴν πολλάκις γε ἐζήλωσα ὑμᾶς τοὺς ῥαψῳδούς, ὦ Ἴων, τῆς τέχνης· τὸ γὰρ ἅμα μὲν τὸ σῶμα κεκοσμῆσθαι ἀεὶ πρέπον ὑμῶν εἶναι τῇ τέχνῃ καὶ ὡς καλλίστοις φαίνεσθαι, ἅμα δὲ ἀναγκαῖον εἶναι ἔν τε ἄλλοις ποιηταῖς διατρίβειν πολλοῖς καὶ ἀγαθοῖς καὶ δὴ καὶ μάλιστα ἐν Ὁμήρῳ, τῷ ἀρίστῳ καὶ θειοτάτῳ τῶν ποιητῶν, καὶ τὴν τούτου διάνοιαν ἐκμαν¹θάνειν, μὴ μόνον τὰ ἔπη, ζηλωτόν ᶜ ἐστιν. οὐ γὰρ ἂν γένοιτό ποτε ἀγαθὸς ῥαψῳδός, εἰ μὴ συνείη τὰ λεγόμενα ὑπὸ τοῦ ποιητοῦ. τὸν γὰρ ῥαψῳδὸν ἑρμηνέα δεῖ τοῦ ποιητοῦ τῆς διανοίας γίγνεσθαι τοῖς ἀκούουσι. τοῦτο δὲ καλῶς ποιεῖν μὴ γιγνώσκοντα ὅτι λέγει ὁ ποιητὴς ἀδύνατον. ταῦτα οὖν πάντα ἄξια ζηλοῦσθαι.

2. Ἴ ω ν. Ἀληθῆ λέγεις, ὦ Σώκρατες· ἐμοὶ γοῦν τοῦτο πλεῖστον ἔργον παρέσχεν τῆς τέχνης, καὶ οἶμαι κάλλιστα

6

1. SOKRATES: Dem Ion ein Willkommen! Woher kommst du uns denn jetzt hierhergereist? Von Hause aus Ephesos?

Ion: Keineswegs, Sokrates, sondern aus Epidauros vom Asklepiosfest.

Sokrates: Wie? Stellen die Epidaurier auch einen Rhapsodenwettkampf dem Gotte zu Ehren an?

Ion: Allerdings, und dazu auch in den übrigen musischen Künsten.

Sokrates: Was denn, hast du uns etwa mitgekämpft? Und wie hast du gekämpft?

Ion: Den ersten Preis trugen wir davon, Sokrates.

Sokrates: Gut sprichst du. Nun, sieh zu, daß wir auch auf dem Panthenaeenfest siegen!

Ion: Nun denn! Das wird geschehen, so Gott will.

Sokrates: Wahrhaftig, schon oft habe ich euch beneidet, ihr Rhapsoden, Ion, um euer Können. Denn sowohl, daß die Pflege des Äußeren stets angemessen ist eurem Können, sowie auch das möglichst schöne Auftreten, zugleich aber in die Notwendigkeit versetzt zu sein, sich mit vielen anderen trefflichen Dichtern zu beschäftigen, und ganz besonders mit Homer, dem trefflichsten und göttlichsten Dichter, und seinen Gedanken durch und durch kennenzulernen, nicht bloß den Wortlaut, das ist beneidenswert. Denn es kann doch wohl keiner als tüchtiger Rhapsode gelten, der nicht versteht, was der Dichter meint. Der Rhapsode muß ja zum Vermittler für des Dichters Gedanken den Zuhörern werden. Das aber gehörig zu tun, ohne zu erkennen, was der Dichter meint, ist unmöglich. Dies alles also ist beneidenswert.

2. Ion: Du hast recht, Sokrates. Mir wenigstens hat dies die meiste Mühe gemacht in meiner Kunst, und ich vermeine am

ἀνθρώπων λέγειν περὶ Ὁμήρου, ὡς οὔτε Μητρόδωρος ὁ
Λαμψακηνὸς οὔτε | Στησίμβροτος ὁ Θάσιος οὔτε Γλαύκων ᵈ
οὔτε ἄλλος οὐδεὶς τῶν πώποτε γενομένων ἔσχεν εἰπεῖν οὕτω
πολλὰς καὶ καλὰς διανοίας περὶ Ὁμήρου ὅσας ἐγώ.

Σ ω κ ρ ά τ η ς. Εὖ λέγεις, ὦ Ἴων. δῆλον γὰρ ὅτι οὐ φθον-
ήσεις μοι ἐπιδεῖξαι.
Ἴ ω ν. Καὶ μὴν ἄξιόν γε ἀκοῦσαι, ὦ Σώκρατες, ὡς εὖ
κεκόσμηκα τὸν Ὅμηρον· ὥστε οἶμαι ὑπὸ Ὁμηριδῶν ἄξιος
εἶναι χρυσῷ στεφάνῳ στεφανωθῆναι.

Σ ω κ ρ ά τ η ς. Καὶ μὴν ἐγὼ ἔτι ποιήσομαι σχολὴν ἀκροά-
σασθαί | σου, νῦν δέ μοι τοσόνδε ἀπόκριναι· πότερον περὶ 5.
Ὁμήρου μόνον δεινὸς εἶ ἢ καὶ περὶ Ἡσιόδου καὶ Ἀρχιλόχου;

Ἴ ω ν. Οὐδαμῶς, ἀλλὰ περὶ Ὁμήρου μόνον· ἱκανόν γάρ
μοι δοκεῖ εἶναι.
Σ ω κ ρ ά τ η ς. Ἔστι δὲ περὶ ὅτου Ὅμηρός τε καὶ Ἡσίοδος
ταὐτὰ λέγετον;
Ἴ ω ν. Οἶμαι ἔγωγε καὶ πολλά.
Σ ω κ ρ ά τ η ς. Πότερον οὖν περὶ τούτων κάλλιον ἂν ἐξηγήσαιο ἃ Ὅμηρος λέγει ἢ ἃ Ἡσίοδος;
Ἴ ω ν. Ὁμοίως ἂν περὶ γε τούτων, ὦ | Σώκρατες, περὶ ὧν ᵇ
ταὐτὰ λέγουσιν.
Σ ω κ ρ ά τ ε ς. Τί δὲ ὧν πέρι μὴ ταὐτὰ λέγουσιν; οἷον περὶ
μαντικῆς λέγει τι Ὅμηρός τε καὶ Ἡσίοδος.

Ἴ ω ν. Πάνυ γε.
Σ ω κ ρ ά τ η ς. Τί οὖν; ὅσα τε ὁμοίως καὶ ὅσα διαφόρως
περὶ μαντικῆς λέγετον τὼ ποιητὰ τούτω, πότερον σὺ
κάλλιον ἂν ἐξηγήσαιο ἢ τῶν μάντεών τις τῶν ἀγαθῶν;

Ἴ ω ν. Τῶν μάντεων.
Σ ω κ ρ ά τ η ς. Εἰ δὲ σὺ ἦσθα μάντις, οὔκ, εἴπερ περὶ τῶν
ὁμοίως λεγομένων οἷός τ' ἦσθα ἐξηγήσασθαι, καὶ περὶ τῶν

8

schönsten von allen Menschen über Homer zu reden, so daß weder Metrodoros von Lampsakos noch Stesimbrotos von Thasos noch Glaukon noch irgendein anderer, so viele je gelebt haben, so viele und schöne Gedanken über Homer vorzutragen wußten wie ich.

Sokrates: Gut sprichst du, Ion. Sicher wirst du mir ein Probestück davon nicht vorenthalten.

Ion: Allerdings ist es hörenswert, Sokrates, wie schön ich den Homer ausgeschmückt habe, so daß ich, meine ich, es verdiente, von den Homeriden mit einem goldenen Kranz bekränzt zu werden.

Sokrates: Allerdings will ich mir einmal die Zeit nehmen, dich anzuhören, jetzt aber beantworte mir nur soviel: Liegt deine Fähigkeit im Homer allein oder auch im Hesiod und Archilochos?

Ion: Keineswegs, sondern im Homer allein. Das scheint mir nämlich auch genug.

Sokrates: Gibt es denn Gegenstände, über die Homer und Hesiod das gleiche sagen?

Ion: Ich meine, recht viele.

Sokrates: Könntest du nun darin schöner erklären, was Homer sagt als was Hesiod?

Ion: Wohl gleich gut bei den Gegenständen, Sokrates, über die sie das gleiche sagen.

Sokrates: Wie aber, bei den Gegenständen, über die sie nicht das gleiche sagen? z. B. über die Seherkunst spricht sowohl Homer als auch Hesiod.

Ion: Ganz recht.

Sokrates: Was nun? Was diese beiden Dichter über die Seherkunst sowohl in gleicher als auch verschiedenartiger Weise sagen, kannst du das schöner erklären oder einer von den tüchtigen Sehern?

Ion: Einer von den Sehern.

Sokrates: Angenommen aber, du wärest ein Seher, könntest du dann nicht, falls du wirklich imstande wärest, über die (beiden Dichtern) gleichen Aussagen Erklärungen zu geben,

διαφόρως λεγομένων ἠπίστω ἂν ἐξηγεῖσθαι;

Ι ω ν. Δῆλον ὅτι.

Σ ω κ ρ ά τ η ς. Τί οὖν ποʹτε περὶ μὲν Ὁμήρου δεινὸς εἶ, c
περὶ δὲ Ἡσιόδου οὔ, οὐδὲ τῶν ἄλλων ποιητῶν; ἢ Ὅμηρος
περὶ ἄλλων τινῶν λέγει ἢ ὧνπερ σύμπαντες οἱ ἄλλοι ποιηταί; οὐ περὶ πολέμου τε τὰ πολλὰ διελήλυθεν καὶ περὶ
ὁμιλιῶν πρὸς ἀλλήλους ἀνθρώπων ἀγαθῶν τε καὶ κακῶν καὶ
ἰδιωτῶν καὶ δημιουργῶν, καὶ περὶ θεῶν πρὸς ἀλλήλους καὶ
πρὸς ἀνθρώπους ὁμιλούντων, ὡς ὁμιλοῦσι, καὶ περὶ τῶν
οὐρανίων παθημάτων καὶ περὶ τῶν ἐν Ἅιδου, καὶ γενέσεις
καὶ θεῶν καὶ ἡρώων; οὐ ταῦτά ἐστι περὶ ʹ ὧν Ὅμηρος τὴν d
ποίησιν πεποίηκεν;

Ι ω ν. Ἀληθῆ λέγεις, ὦ Σώκρατες.

3. Σ ω κ ρ ά τ η ς. Τί δὲ οἱ ἄλλοι ποιηταί; οὐ περὶ τῶν
αὐτῶν τούτων;

Ι ω ν. Ναί, ἀλλ᾽, ὦ Σώκρατες, οὐχ ὁμοίως πεποιήκασι
καὶ Ὅμηρος.

Σ ω κ ρ ά τ η ς. Τί μήν; κάκιον;

Ι ω ν. Πολύ γε.

Σ ω κ ρ ά τ η ς. Ὅμηρος δὲ ἄμεινον;

Ι ω ν. Ἄμεινον μέντοι νὴ Δία.

Σ ω κ ρ ά τ η ς. Οὐκοῦν, ὦ φίλη κεφαλὴ Ἴων, ὅταν περὶ
ἀριθμοῦ πολλῶν λεγόντων εἷς τις ἄριστα λέγῃ, γνώσεται
δήπου τις τὸν εὖ λέγοντα; e

Ι ω ν. Φημί.

Σ ω κ ρ ά τ η ς. Πότερον οὖν ὁ αὐτὸς ὅσπερ καὶ τοὺς κακῶς
λέγοντας, ἢ ἄλλος;

Ι ω ν. Ὁ αὐτὸς δήπου.

Σ ω κ ρ ά τ η ς. Οὐκοῦν ὁ τὴν ἀριθμητικὴν τέχνην ἔχων
οὗτός ἐστιν;

Ι ω ν. Ναί.

Σ ω κ ρ ά τ η ς. Τί δ᾽; ὅταν πολλῶν λεγόντων περὶ ὑγιει-
νῶν σιτίων ὁποῖά ἐστιν, εἷς τις ἄριστα λέγῃ, πότερον ἕτερος

auch über die verschiedenartigen Aussagen Erklärungen geben?

Ion: Natürlich.

Sokrates: Wieso liegt deine Fähigkeit dann nur im Homer, aber nicht im Hesiod und auch nicht in den anderen Dichtern? Redet denn Homer über irgendetwas anderes als die anderen Dichter insgesamt? Hat er nicht vom Krieg vorwiegend gehandelt, und von Begegnungen der Menschen untereinander, der guten und der schlechten, von Privatpersonen und Berufsmenschen, und von Göttern, die Begegnungen haben miteinander und mit Menschen, von der Art, wie sie diese Begegnungen haben, und von den himmlischen Vorgängen und von denen im Hades, und von Geburten der Götter und Heroen? Ist es das nicht, worüber Homer seine Dichtung verfaßt hat?

Ion: Du hast recht, Sokrates.

3. Sokrates: Ja, und die anderen Dichter? Nicht über eben dasselbe?

Ion: Ja, Sokrates, aber sie haben nicht gleich gut gedichtet wie Homer.

Sokrates: Wie denn? Schlechter?

Ion: Weitaus.

Sokrates: Homer aber besser?

Ion: Besser, allerdings, beim Zeus.

Sokrates: Nun, mein teures Haupt Ion, wenn unter vielen, die über eine Zahl reden, ein einzelner am besten redet, da wird doch offenbar auch jemand erkennen können, wer gut redet.

Ion: Ich stimme zu.

Sokrates: Ob wohl derselbe, der auch erkennen kann, wer schlechter redet, oder ein anderer?

Ion: Derselbe offenbar.

Sokrates: Doch wohl der, der die Rechenkunst beherrscht, der ist es?

Ion: Ja.

Sokrates: Wie weiter? Wenn unter vielen, die über die Beschaffenheit zuträglicher Speisen reden, ein einzelner am besten

μέν τις τὸν ἄριστα λέγοντα γνώσεται ὅτι ἄριστα λέγει, ἕτερος δὲ τὸν κάκιον ὅτι κάκιον, ἢ ὁ αὐτός;

Ἴων. Δῆλον δήπου, ὁ αὐτός.

Σωκράτης. Τίς οὗτος; τί ὄνομα αὐτῷ;

Ἴων. Ἰατρός.

Σωκράτης. Οὐκοῦν ἐν κεφαλαίῳ λέγομεν ὡς ὁ αὐτὸς γνώσεται ἀεί, περὶ τῶν αὐτῶν πολλῶν λεγόντων, ὅστις τε εὖ λέγει καὶ ⊦ ὅστις κακῶς· ἢ εἰ μὴ γνώσεται τὸν κακῶς 5 λέγοντα, δῆλον ὅτι οὐδὲ τὸν εὖ, περί γε τοῦ αὐτοῦ.

Ἴων. Οὕτως.

Σωκράτης. Οὐκοῦν ὁ αὐτὸς γίγνεται δεινὸς περὶ ἀμφοτέρων;

Ἴων. Ναί.

Σωκράτης. Οὐκοῦν σὺ φῂς καὶ Ὅμηρον καὶ τοὺς ἄλλους ποιητάς, ἐν οἷς καὶ Ἡσίοδος καὶ Ἀρχίλοχός ἐστιν, περί γε τῶν αὐτῶν λέγειν, ἀλλ' οὐχ ὁμοίως, ἀλλὰ τὸν μὲν εὖ γε, τοὺς δὲ χεῖρον;

Ἴων. Καὶ ἀληθῆ λέγω.

Σωκράτης. Οὐκοῦν, εἴπερ τὸν εὖ λέγοντα γιγνώσκεις, καὶ τοὺς χεῖρον λέγον ⊦ τας γιγνώσκοις ἂν ὅτι χεῖρον λέγουσιν.

Ἴων. Ἔοικέν γε.

Σωκράτης. Οὐκοῦν, ὦ βέλτιστε, ὁμοίως τὸν Ἴωνα λέγοντες περὶ Ὁμήρου τε δεινὸν εἶναι καὶ περὶ τῶν ἄλλων ποιητῶν οὐχ ἁμαρτησόμεθα, ἐπειδή γε αὐτὸς ὁμολογῇ τὸν αὐτὸν ἔσεσθαι κριτὴν ἱκανὸν πάντων ὅσοι ἂν περὶ τῶν αὐτῶν λέγωσι, τοὺς δὲ ποιητὰς σχεδὸν ἅπαντας τὰ αὐτὰ ποιεῖν.

4. Ἴων. Τί οὖν ποτε τὸ αἴτιον, ὦ Σώκρατες, ὅτι ἐγώ, ὅταν μέν τις περὶ ἄλλου του ποιητοῦ διαλέγηται, οὔτε προσέχω τὸν νοῦν ⊦ ἀδυνατῶ τε καὶ ὁτιοῦν συμβαλέσθαι λόγου ἄξιον,

redet, wird da ein anderer den, der am besten spricht, erkennen, nämlich daß er wirklich am besten spricht, ein anderer aber den, der schlechter spricht, nämlich daß er schlechter spricht, oder derselbe?

Ion: Offensichtlich wohl derselbe.

Sokrates: Wer ist das? Welchen Namen hat er?

Ion: Arzt.

Sokrates: Also, zusammenfassend sagen wir, daß jeweils derselbe erkennen kann, wenn über die gleichen Gegenstände viele sprechen, wer gut und wer schlecht spricht. Oder, wenn er nicht erkennen kann, wer schlecht redet, dann natürlich auch nicht, wer gut redet, vorausgesetzt, es geht um den gleichen Gegenstand.

Ion: So ist es.

Sokrates: Also ist ein und derselbe fähig in beidem.

Ion: Ja.

Sokrates: Nun, sagst du nicht, daß Homer und die anderen Dichter, unter denen sich auch Hesiod und Archilochos befinden, zwar über dieselben Gegenstände reden, aber nicht in gleicher Weise, sondern der eine gut, die andern aber schlechter?

Ion: Und damit habe ich recht.

Sokrates: Nun also, wenn du wirklich erkennen kannst, wer gut redet, dann müßtest du doch auch die, die schlechter reden, erkennen können, nämlich daß sie schlechter reden.

Ion: So scheint es allerdings.

Sokrates: Also, mein Bester, werden wir nicht fehlgehen in der Behauptung, die Fähigkeit des Ion beziehe sich in gleicher Weise auf Homer wie auf die übrigen Dichter, denn du gibst ja selbst zu, daß ein und derselbe ein kompetenter Beurteiler aller sein wird, die über die gleichen Gegenstände reden, daß die Dichter aber nahezu alle über das gleiche dichten.

4. Ion: Was ist denn eigentlich der Grund, Sokrates, daß ich, wenn jemand über einen anderen Dichter eine Unterredung führt, nicht aufpasse und unfähig bin, irgendetwas der Rede

ἀλλ’ ἀτεχνῶς νυστάζω, ἐπειδὰν δέ τις περὶ Ὁμήρου μνησθῇ, εὐθύς τε ἐγρήγορα καὶ προσέχω τὸν νοῦν καὶ εὐπορῶ ὅ τι λέγω;

Σ ω κ ρ ά τ η ς. Οὐ χαλεπὸν τοῦτό γε εἰκάσαι, ὦ ἑταῖρε, ἀλλὰ παντὶ δῆλον ὅτι τέχνῃ καὶ ἐπιστήμῃ περὶ Ὁμήρου λέγειν ἀδύνατος εἶ· εἰ γὰρ τέχνῃ οἷός τε ἦσθα, καὶ περὶ τῶν ἄλλων ποιητῶν ἁπάντων λέγειν οἷός τ’ ἂν ἦσθα· ποιητικὴ γάρ πού ἐστιν τὸ ὅλον. ἢ οὔ;

῍ Ι ω ν. Ναί.

Σ ω κ ρ ά τ η ς. ^Ι Οὐκοῦν ἐπειδὰν λάβῃ τις καὶ ἄλλην τέχνην ὁ ἡντινοῦν ὅλην, ὁ αὐτὸς τρόπος τῆς σκέψεως ἔσται περὶ ἁπασῶν τῶν τεχνῶν; πῶς τοῦτο λέγω, δέῃ τί μου ἀκοῦσαι, ὦ ῍Ιων;

῍ Ι ω ν. Ναὶ μὰ τὸν Δία, ὦ Σώκρατες, ἔγωγε· χαίρω γὰρ ἀκούων ὑμῶν τῶν σοφῶν.

Σ ω κ ρ ά τ η ς. Βουλοίμην ἄν σε ἀληθῆ λέγειν, ὦ ῍Ιων· ἀλλὰ σοφοὶ μέν πού ἐστε ὑμεῖς οἱ ῥαψῳδοὶ καὶ ὑποκριταὶ καὶ ὧν ὑμεῖς ᾄδετε τὰ ποιήματα, ἐγὼ δὲ οὐδὲν ἄλλο ἢ τἀληθῆ λέγω, οἷον εἰ^Ικὸς ἰδιώτην ἄνθρωπον. ἐπεὶ καὶ περὶ τούτου οὗ νῦν ὁ ἡρόμην σε, θέασαι ὡς φαῦλον καὶ ἰδιωτικόν ἐστι καὶ παντὸς ἀνδρὸς γνῶναι ὃ ἔλεγον, τὴν αὐτὴν εἶναι σκέψιν, ἐπειδάν τις ὅλην τέχνην λάβῃ. λάβωμεν γὰρ τῷ λόγῳ. γραφικὴ γάρ τίς ἐστι τέχνη τὸ ὅλον;

῍ Ι ω ν. Ναί.

Σ ω κ ρ ά τ η ς. Οὐκοῦν καὶ γραφῆς πολλοὶ καὶ εἰσὶ καὶ γεγόνασιν ἀγαθοὶ καὶ φαῦλοι;

῍ Ι ω ν. Πάνυ γε.

Σ ω κ ρ ά τ η ς. ῍Ηδη οὖν τινα εἶδες ὅστις περὶ μὲν Πολυγνώτου τοῦ ᾽Αγλαοφῶντος δεινός ἐστιν ἀποφαίνειν ἃ εὖ τε γράφει καὶ ἃ μή, περὶ δὲ τῶν ἄλλων γραφέων ἀδύνατος; ^Ι 5 καὶ ἐπειδὰν μέν τις τὰ τῶν ἄλλων ζωγράφων ἔργα ἐπιδεικνύῃ, νυστάζει τε καὶ ἀπορεῖ καὶ οὐκ ἔχει ὅ τι συμβάληται,

Wertes beizutragen, sondern geradezu einnicke, wenn aber jemand den Homer erwähnt, sofort wach bin und aufpasse und eine Fülle zu sagen habe?

Sokrates: Darüber ist es nicht schwer, eine Vermutung anzustellen, lieber Freund. Vielmehr ist es jedem klar, daß du auf Grund von Fach- und Sachwissen über Homer zu reden unfähig bist. Denn wenn du auf Grund von Fachwissen dazu in der Lage wärest, müßtest du auch über alle anderen Dichter zu sprechen in der Lage sein. Denn Dichtung besteht doch irgendwie als Ganzes. Oder nicht?

Ion: Ja.

Sokrates: Wenn aber jemand sonst ein beliebiges Fach als ganzes nähme, so würde doch die Art der Betrachtung für alle Fächer gleich sein? Wie ich das meine, möchtest du darüber etwas von mir hören, Ion?

Ion: Ja, beim Zeus, Sokrates, das möchte ich. Gern höre ich euch weisen Leuten zu.

Sokrates: Ich wünschte nur, du hättest recht mit deinen Worten, Ion. Aber weise seid doch wohl ihr Rhapsoden und Schauspieler und die, deren Dichtungen ihr zum Vortrag bringt, ich aber sage eben nur die Wahrheit, so wie man sie von einem ungelernten Menschen erwarten kann. Denn schon bei der Frage, die ich eben an dich richtete, sieh, wie einfach und ungelehrt es ist und für jedermann verbindlich zu erkennen, was ich sagte, daß es dieselbe Art der Betrachtung ist, wenn einer sein Fach als ganzes nimmt. Fassen wir es doch in unserer Erörterung: es gibt doch z.B. die Malkunst als Ganzes?

Ion: Ja.

Sokrates: Also auch Maler gibt und gab es viele, gute und schlechte?

Ion: Ganz recht.

Sokrates: Hast du nun schon einmal einen gesehen, der an Polygnot, dem Sohn des Aglaophon, fähig ist darzulegen, was er gut malt und was nicht, bei anderen Malern aber dazu unfähig? Und wenn einer die Werke der übrigen Maler vorführt, einnickt und sich nicht zurechtfindet und nichts beizutragen

ἐπειδὰν δὲ περὶ Πολυγνώτου ἢ ἄλλου ὅτου βούλει τῶν
γραφέων ἑνὸς μόνου δέῃ ἀποφήνασθαι γνώμην, ἐγρήγορέν
τε καὶ προσέχει τὸν νοῦν καὶ εὐπορεῖ ὅ τι εἴπῃ;

Ἴων. Οὐ μὰ τὸν Δία, οὐ δῆτα.

Σωκράτης. Τί δέ; ἐν ἀνδριαντοποιίᾳ ἤδη τιν' εἶδες
ὅστις περὶ μὲν Δαιδάλου τοῦ Μητίονος ἢ Ἐπειοῦ τοῦ Πανο-
πέως ἢ Θεοδώρου τοῦ Σαμίου ἢ ἄλλου τινὸς ἀνδριαντο-
ποιοῦ ἑνὸς πέρι δεινός ἐστιν ἐξηγεῖσθαι ἃ εὖ πεποίηκεν, ἐν δὲ
τοῖς τῶν ἄλλων ἀνδριαντοποιῶν ἔργοις ἀπορεῖ τε καὶ νυστάζει, οὐκ ἔχων ὅ τι εἴπῃ;

Ἴων. Οὐ μὰ τὸν Δία, οὐδὲ τοῦτον ἑώρακα.

Σωκράτης. Ἀλλὰ μήν, ὥς γ' ἐγὼ οἶμαι, οὐδ' ἐν αὐλήσει
γε οὐδὲ ἐν κιθαρίσει οὐδὲ ἐν κιθαρῳδίᾳ οὐδὲ ἐν ῥαψῳδίᾳ
οὐδεπώποτ' εἶδες ἄνδρα ὅστις περὶ μὲν Ὀλύμπου δεινός
ἐστιν ἐξηγεῖσθαι ἢ περὶ Θαμύρου ἢ περὶ Ὀρφέως ἢ περὶ
Φημίου τοῦ Ἰθακησίου ῥαψῳδοῦ, περὶ δὲ Ἴωνος τοῦ Ἐφεσίου
ἀπορεῖ καὶ οὐκ ἔχει συμβαλέσθαι ἅ τε εὖ ῥαψῳδεῖ καὶ ἃ μή.

Ἴων. Οὐκ ἔχω σοι περὶ τούτου ἀντιλέγειν, ὦ Σώκρατες·
ἀλλ' ἐκεῖνο ἐμαυτῷ σύνοιδα, ὅτι περὶ Ὁμήρου κάλλιστ'
ἀνθρώπων λέγω καὶ εὐπορῶ καὶ οἱ ἄλλοι πάντες μέ φασιν
εὖ λέγειν, περὶ δὲ τῶν ἄλλων οὔ. καίτοι ὅρα τοῦτο τί ἐστιν.

5. Σωκράτης. Καὶ ὁρῶ, ὦ Ἴων, καὶ ἔρχομαί γέ σοι ἀπο-
φαινόμενος ὅ μοι δοκεῖ τοῦτο εἶναι. ἔστι γὰρ τοῦτο τέχνη
μὲν οὐκ ὂν παρὰ σοὶ περὶ Ὁμήρου εὖ λέγειν, ὃ νυνδὴ ἔλεγον,
θεία δὲ δύναμις ἥ σε κινεῖ, ὥσπερ ἐν τῇ λίθῳ ἣν Εὐριπίδης μὲν
Μαγνῆτιν ὠνόμασεν, οἱ δὲ πολλοὶ Ἡρακλείαν. καὶ γὰρ αὕτη
ἡ λίθος οὐ μόνον αὐτοὺς τοὺς δακτυλίους ἄγει τοὺς σιδηροῦς,
ἀλλὰ καὶ δύναμιν ἐντίθησι τοῖς δακτυλίοις ὥστ' αὖ δύνασθαι
ταὐτὸν τοῦτο ποιεῖν ὅπερ ἡ λίθος, ἄλλους ἄγειν δακτυ-

16

hat, wenn er aber über Polygnot oder über einen anderen beliebigen einzelnen Maler seine Meinung darlegen soll, wach ist und aufpaßt und eine Fülle zu sagen hat?

Ion: Nein, beim Zeus, eigentlich nicht.

Sokrates: Was denn? In der Bildhauerkunst, hast du da schon einmal einen gesehen, der an Daidalos, dem Sohn des Metion, oder Epeios, dem Sohn des Panopeus, oder Theodoros von Samos oder irgendeinem anderen einzelnen Bildhauer fähig ist, zu erklären, was er gut gemacht hat, bei den Werken der übrigen Bildhauer aber sich nicht zurechtfindet und einnickt und nichts zu sagen hat.

Ion: Nein, beim Zeus, so einen habe ich noch nicht gesehen.

Sokrates: Und ferner, meiner Meinung nach hast du auch nicht beim Aulosspiel und auch nicht beim Kitharaspiel und auch nicht beim Gesang zur Kithara und auch nicht bei der Vortragskunst der Rhapsoden jemals einen Mann gesehen, der bei Olympos fähig ist Erklärungen zu geben oder bei Thamyras oder bei Orpheus oder bei Phemios, dem Rhapsoden von Ithaka, der aber bei Ion von Ephesos sich nicht zurechtfindet und nicht feststellen kann, was er gut vorträgt und was nicht.

Ion: Ich kann dir darin nicht widersprechen, Sokrates. Aber dessen bin ich mir bewußt, daß ich über Homer am schönsten von allen Menschen spreche und eine Fülle zu sagen habe und daß auch alle anderen zugeben, mein Vortrag sei gut, bei den anderen Dichtern dagegen nicht. Und so sieh du denn nur zu, woran das liegt!

5. Sokrates: Ich sehe schon, Ion, und ich gehe ja daran, dir darzulegen, woran es allem Anschein nach liegt. Es steht dir dies nämlich nicht als Fachwissen zu Gebote, über Homer gut zu reden, wie ich eben bereits sagte, sondern es ist eine göttliche Kraft, die dich bewegt, so wie sie in dem Stein liegt, den Euripides den Magneten genannt hat, während man ihn allgemein den Herakleischen nennt. Denn auch dieser Stein zieht nicht nur die Eisenringe selbst an, sondern er verleiht den Ringen auch die Kraft, so daß sie ihrerseits dasselbe zu bewirken vermögen wie der Stein, nämlich andere Ringe anzuzie-

λίους, ὥστ' ἐνίοτε ὁρμαθὸς μακρὸς πάνυ σιδηρῶν [καὶ] δακτυλίων ἐξ ἀλλήλων ἤρτηται· πᾶσι δὲ τούτοις ἐξ ἐκείνης τῆς λίθου ἡ δύναμις ἀνήρτηται. οὕτω δὲ καὶ ἡ Μοῦσα ἐνθέους μὲν ποιεῖ αὐτή, διὰ δὲ τῶν ἐνθέων τούτων ἄλλων ἐνθουσιαζόντων ὁρμαθὸς ἐξαρτᾶται. πάντες γὰρ οἵ τε τῶν ἐπῶν ποιηταὶ οἱ ἀγαθοὶ οὐκ ἐκ τέχνης ἀλλ' ἔνθεοι ὄντες καὶ κατεχόμενοι πάντα ταῦτα τὰ καλὰ λέγουσι ποιήματα, καὶ οἱ μελοποιοὶ οἱ ἀγαθοὶ ὡσαύτως, ὥσπερ οἱ κορυβαντιῶντες ǀ ε οὐκ ἔμφρονες ὄντες ὀρχοῦνται, οὕτω καὶ οἱ μελοποιοὶ οὐκ ἔμφρονες ὄντες τὰ καλὰ μέλη ταῦτα ποιοῦσιν, ἀλλ' ἐπειδὰν ἐμβῶσιν εἰς τὴν ἁρμονίαν καὶ εἰς τὸν ῥυθμόν, βακχεύουσι καὶ κατεχόμενοι, ὥσπερ αἱ βάκχαι ἀρύονται ἐκ τῶν ποταμῶν μέλι καὶ γάλα κατεχόμεναι, ἔμφρονες δὲ οὖσαι οὔ, καὶ τῶν μελοποιῶν ἡ ψυχὴ τοῦτο ἐργάζεται, ὅπερ αὐτοὶ λέγουσι. λέγουσι γὰρ δήπουθεν πρὸς ἡμᾶς οἱ ποιηταὶ ὅτι ἀπὸ κρηνῶν μελιρρύτων ἐκ Μουσῶν κήπων ǀ τινῶν καὶ ναπῶν δρεπόμενοι τὰ μέλη ἡμῖν φέρουσιν ὥσπερ αἱ μέλιτται, καὶ αὐτοὶ οὕτω πετόμενοι· καὶ ἀληθῆ λέγουσι. κοῦφον γὰρ χρῆμα ποιητής ἐστιν καὶ πτηνὸν καὶ ἱερόν, καὶ οὐ πρότερον οἷός τε ποιεῖν πρὶν ἂν ἔνθεός τε γένηται καὶ ἔκφρων καὶ ὁ νοῦς μηκέτι ἐν αὐτῷ ἐνῇ. ἕως δ' ἂν τουτὶ ἔχῃ τὸ κτῆμα, ἀδύνατος πᾶς ποιεῖν ἄνθρωπός ἐστιν καὶ χρησμῳδεῖν. ἅτε οὖν οὐ τέχνῃ ποιοῦντες καὶ πολλὰ λέγοντες καὶ καλὰ περὶ τῶν πραγμάτων, ὥσπερ σὺ περὶ 'Ομήρου, ǀ ἀλλὰ θείᾳ μοίρᾳ, τοῦτο μόνον οἷός τε ἕκαστος ποιεῖν καλῶς ἐφ' ὃ ἡ Μοῦσα αὐτὸν ὥρμησεν, ὁ μὲν διθυράμβους, ὁ δὲ ἐγκώμια, ὁ δὲ ὑπορχήματα, ὁ δ' ἔπη, ὁ δ' ἰάμβους· τὰ δ' ἄλλα φαῦλος αὐτῶν ἕκαστός ἐστιν. οὐ γὰρ τέχνῃ ταῦτα λέγουσιν ἀλλὰ θείᾳ δυνάμει, ἐπεί, εἰ περὶ ἑνὸς τέχνῃ καλῶς ἠπίσταντο λέγειν, κἂν περὶ τῶν ἄλλων ἁπάντων· διὰ ταῦτα δὲ ὁ θεὸς ἐξαιρούμενος τούτων τὸν

hen, so daß bisweilen eine ganz lange Kette von Eisenringen aneinander geheftet ist; diesen allen aber haftet von jenem Stein her die Kraft an. So bewirkt aber auch die Muse eine göttliche Ergriffenheit teils unmittelbar, teils heftet sich, indem an diesen göttlich Ergriffenen sich andere begeistern, eine ganze Kette an. Denn alle guten Ependichter singen nicht auf Grund eines Fachwissens, sondern in göttlicher Begeisterung und Ergriffenheit alle diese schönen Dichtungen, und die Liederdichter, die guten, ebenso. Wie die Korybantentänzer nicht bei Sinnen sind, wenn sie tanzen, so dichten auch die Liederdichter nicht bei Sinnen diese schönen Lieder, sondern sobald sie eintreten in den Strom von Harmonie und Rhythmus, schwärmen sie, und zwar in Besessenheit, wie die Bacchantinnen aus den Flüssen Milch und Honig schöpfen, wenn sie im Zustand der Ergriffenheit, nicht aber, wenn sie bei Besinnung sind, so vollzieht sich das auch in der Liederdichter Seele, wie sie auch selbst sagen. Denn es sagen ja doch zu uns die Dichter, daß sie von honigfließenden Quellen aus irgendwelchen Musengärten und -triften die Lieder pflücken und uns bringen, wie die Bienen, auch selbst so umherflatternd. Und wahr sagen sie. Denn ein leichtes Ding ist der Dichter, beschwingt und heilig, und nicht eher in der Lage zu dichten, bevor er nicht in göttliche Begeisterung geraten und von Sinnen ist und der Verstand nicht mehr in ihm wohnt. Solange er aber diesen Besitz noch festhält, ist unfähig jeder Mensch zu dichten und Orakel zu künden. Da sie also nicht kraft eines Fachwissens schaffen und vieles Schöne über die Dinge sagen, wie du über Homer, sondern kraft einer göttlichen Gabe, ist jeder einzelne nur das in der Lage schön zu dichten, wozu ihn die Muse angeregt hat: der eine Dithyramben, ein anderer Lobgesänge, ein anderer Tanzlieder, ein anderer Epen, wieder ein anderer Jamben. Zu dem anderen aber ist jeder einzelne von ihnen untüchtig. Denn nicht kraft eines Fachwissens reden sie, sondern durch eine göttliche Kraft. Verstünden sie nämlich kraft eines Fachwissens in einem schön zu reden, so müßte dies auch in allem anderen der Fall sein. Deshalb aber raubt der Gott ihnen den

νοῦν τούτοις χρῆται ὑπηρέταις καὶ τοῖς χρησμῳδοῖς καὶ τοῖς μάντεσι τοῖς | θείοις, ἵνα ἡμεῖς οἱ ἀκούοντες εἰδῶμεν ὅτι οὐχ οὗτοί εἰσιν οἱ ταῦτα λέγοντες οὕτω πολλοῦ ἄξια, οἷς νοῦς μὴ πάρεστιν, ἀλλ' ὁ θεὸς αὐτός ἐστιν ὁ λέγων, διὰ τούτων δὲ φθέγγεται πρὸς ἡμᾶς. μέγιστον δὲ τεκμήριον τῷ λόγῳ Τύννιχος ὁ Χαλκιδεύς, ὃς ἄλλο μὲν οὐδὲν πώποτε ἐποίησε ποίημα ὅτου τις ἂν ἀξιώσειεν μνησθῆναι, τὸν δὲ παίωνα ὃν πάντες ᾄδουσι, σχεδόν τι πάντων μελῶν κάλλιστον, ἀτεχνῶς, ὅπερ αὐτὸς λέγει, »εὕρημά τι Μοισᾶν«. ἐν τούτῳ γάρ | ε δὴ μάλιστά μοι δοκεῖ ὁ θεὸς ἐνδείξασθαι ἡμῖν, ἵνα μὴ διστάζωμεν, ὅτι οὐκ ἀνθρώπινά ἐστιν τὰ καλὰ ταῦτα ποιήματα οὐδὲ ἀνθρώπων, ἀλλὰ θεῖα καὶ θεῶν, οἱ δὲ ποιηταὶ οὐδὲν ἀλλ' ἢ ἑρμηνῆς εἰσιν τῶν θεῶν, κατεχόμενοι ἐξ ὅτου ἂν ἕκαστος κατέχηται. ταῦτα ἐνδεικνύμενος ὁ θεὸς ἐξεπίτηδες διὰ τοῦ φαυλοτάτου ποιητοῦ | τὸ κάλλιστον μέλος ᾖσεν. ἢ 5 οὐ δοκῶ σοι ἀληθῆ λέγειν, ὦ Ἴων;

Ἴων. Ναὶ μὰ τὸν Δία, ἔμοιγε· ἅπτει γάρ πώς μου τοῖς λόγοις τῆς ψυχῆς, ὦ Σώκρατες, καί μοι δοκοῦσι θείᾳ μοίρᾳ ἡμῖν παρὰ τῶν θεῶν ταῦτα οἱ ἀγαθοὶ ποιηταὶ ἑρμηνεύειν.

6. Σωκράτης. Οὐκοῦν ὑμεῖς αὖ οἱ ῥαψῳδοὶ τὰ τῶν ποιητῶν ἑρμηνεύετε;
Ἴων. Καὶ τοῦτο ἀληθὲς λέγεις.
Σωκράτης. Οὐκοῦν ἑρμηνέων ἑρμηνῆς γίγνεσθε;
Ἴων. Παντάπασί γε.
Σωκράτης. Ἔχε δή μοι τόδε εἰπέ, ὦ Ἴων, καὶ μὴ ἀπο- b κρύψῃ ὅ τι ἄν σε ἔρωμαι· ὅταν εὖ εἴπῃς ἔπη καὶ ἐκπλήξῃς μάλιστα τοὺς θεωμένους, ἢ τὸν Ὀδυσσέα ὅταν ἐπὶ τὸν οὐδὸν ἐφαλλόμενον ᾄδῃς, ἐκφανῆ γιγνόμενον τοῖς μνηστῆρσι καὶ ἐκχέοντα τοὺς ὀϊστοὺς πρὸ τῶν ποδῶν, ἢ Ἀχιλλέα ἐπὶ τὸν Ἕκτορα ὁρμῶντα, ἢ καὶ τῶν περὶ Ἀνδρομάχην ἐλεινῶν τι ἢ περὶ Ἑκάβην ἢ περὶ Πρίαμον, τότε πότερον ἔμφρων εἶ ἢ ἔξω

Verstand und benutzt sie als seine Diener, sie und die Orakel-künder und die Seher, die göttlichen, damit wir, die wir zu-hören, wissen, daß nicht sie es sind, die so wertvolle Dinge sagen, denen doch der Verstand nicht mehr innewohnt, son-dern der Gott selbst es ist, der spricht, durch sie hindurch aber seine Stimme zu uns dringt. Die stärkste Bestätigung aber für diese Behauptung ist Tynnichos aus Chalkis, der niemals ein anderes Gedicht gemacht hat, das irgendwie eine Erwähnung verdiente, außer dem einem Päan, den alle singen, so ungefähr von allen Liedern das schönste, geradezu, wie er selbst sagt, „ein Fund der Musen". Denn eben an ihm, so scheint mir, zeigt der Gott am stärksten auf, damit wir nicht in Zweifel sind, daß nicht menschlich diese schönen Gedichte sind und nicht von Menschen, sondern göttlich und von Göttern, daß aber die Dichter nichts anderes sind als Mittler der Götter, Besessene dessen, von dem jeder einzelne gerade besessen ist. Um dies aufzuzeigen, hat der Gott absichtlich durch den unbedeu-tendsten Dichter das schönste Lied ertönen lassen. Oder hast du nicht den Eindruck, daß ich recht habe?

Ion: Ja, beim Zeus, doch. Du rührst mir nämlich irgendwie mit deinen Worten an die Seele, Sokrates, und es scheinen mir durch eine göttliche Gabe uns von den Göttern her solches die guten Dichter zu vermitteln.

6. Sokrates: Also vermittelt ihr Rhapsoden wieder die Gaben der Dichter?

Ion: Auch darin hast du recht.

Sokrates: Also werdet ihr zu Vermittlern von Vermittlern?

Ion: Ganz und gar.

Sokrates: Halt, nun sage mir noch Folgendes, Ion, und halte nicht hinter dem Berge mit dem, wonach ich dich frage! Wenn du die epische Dichtung gut vorträgst und die Zuhörer am stärksten erschütterst, etwa bei Odysseus, wenn du singst, wie er auf die Schwelle springt, den Freiern sich zu erkennen gibt und die Pfeile vor seine Füße schüttet, oder bei Achill, wenn er gegen Hektor losstürmt, oder auch bei einer rührenden Stelle von Andromache oder Hekabe oder Priamos, bist du da bei

σαυτοῦ γίγνῃ καὶ παρὰ τοῖς πράγ ι μασιν οἴεταί σου εἶναι ἡ
ψυχὴ οἷς λέγεις ἐνθουσιάζουσα, ἢ ἐν ᾿Ιθάκῃ οὖσιν ἢ ἐν
Τροίᾳ ἢ ὅπως ἂν καὶ τὰ ἔπη ἔχῃ;

῾ Ι ω ν. ῾Ως ἐναργές μοι τοῦτο, ὦ Σώκρατες, τὸ τεκμήριον
εἶπες. οὐ γάρ σε ἀποκρυψάμενος ἐρῶ. ἐγὼ γὰρ ὅταν ἐλεινόν
τι λέγω, δακρύων ἐμπίμπλανταί μου οἱ ὀφθαλμοί· ὅταν δὲ
φοβερὸν ἢ δεινόν, ὀρθαὶ αἱ τρίχες ἵστανται ὑπὸ φόβου καὶ ἡ
καρδία πηδᾷ.

Σ ω κ ρ ά τ η ς. Τί οὖν; φῶμεν, ὦ ῎Ιων, ἔμ ι φρονα εἶναι τότε
τοῦτον τὸν ἄνθρωπον, ὃς ἂν κεκοσμημένος ἐσθῆτι ποικίλῃ
καὶ χρυσοῖσι στεφάνοις κλάῃ τ᾿ ἐν θυσίαις καὶ ἑορταῖς, μηδὲν
ἀπολωλεκὼς τούτων, ἢ φοβῆται πλέον ἢ ἐν δισμυρίοις ἀνθρώ-
ποις ἑστηκὼς φιλίοις, μηδενὸς ἀποδύοντος μηδὲ ἀδικοῦντος;

῾ Ι ω ν. Οὐ μὰ τὸν Δία, οὐ πάνυ, ὦ Σώκρατες, ὥς γε
ταληθὲς εἰρῆσθαι.
Σ ω κ ρ ά τ η ς. Οἶσθα οὖν ὅτι καὶ τῶν θεατῶν τοὺς πολλοὺς
ταὐτὰ ταῦτα ὑμεῖς ἐργάζεσθε;
῾ Ι ω ν. Καὶ μάλα κα ι λῶς οἶδα· καθορῶ γὰρ ἑκάστοτε
αὐτοὺς ἄνωθεν ἀπὸ τοῦ βήματος κλάοντάς τε καὶ δεινὸν
ἐμβλέποντας καὶ συνθαμβοῦντας τοῖς λεγομένοις. δεῖ γάρ
με καὶ σφόδρ᾿ αὐτοῖς τὸν νοῦν προσέχειν· ὡς ἐὰν μὲν κλάοντας
αὐτοὺς καθίσω, αὐτὸς γελάσομαι ἀργύριον λαμβάνων, ἐὰν
δὲ γελῶντας, αὐτὸς κλαύσομαι ἀργύριον ἀπολλύς.

7. Σ ω κ ρ ά τ η ς. Οἶσθα οὖν ὅτι οὗτός ἐστιν ὁ θεατὴς τῶν
δακτυλίων ὁ ἔσχατος, ὧν ἐγὼ ἔλεγον ὑπὸ τῆς ῾Ηρακλειώ-
τιδος λίθου ἀπ᾿ ἀλλήλων τὴν δύναμιν λαμβάνειν; ὁ δὲ μέσος
σὺ ὁ ῥαψῳδὸς καὶ ὑποκριτής, ὁ δὲ ι πρῶτος αὐτὸς ὁ ποιητής·
ὁ δὲ θεὸς διὰ πάντων τούτων ἕλκει τὴν ψυχὴν ὅποι ἂν βού-
ληται τῶν ἀνθρώπων, ἀνακρεμαννὺς ἐξ ἀλλήλων τὴν δύναμιν. καὶ ὥσπερ ἐκ τῆς λίθου ἐκείνης ὁρμαθὸς πάμπολυς ἐξήρ-

Sinnen oder gerätst du außer dir und vermeint deine Seele bei den Ereignissen zu sein, von denen du sprichst, in göttlicher Begeisterung, auf Ithaka oder in Troja oder wie jeweils die Lage im Gedicht ist?

Ion: Eine ganz evidente Bestätigung, Sokrates, hast du mir damit genannt. Denn ich will mit meiner Antwort nicht hinter dem Berge halten. Wenn ich nämlich etwas Rührendes vortrage, füllen sich mir die Augen mit Tränen, wenn aber etwas Schreckliches oder Furchtbares, dann sträuben sich mir die Haare vor Schrecken und das Herz bebt.

Sokrates: Wie denn? Sollen wir sagen, Ion, daß dann derjenige Mensch bei Besinnung sei, der, geschmückt mit buntem Gewande und goldenen Kränzen, weint mitten unter Opfern und Festlichkeiten, obwohl er doch nichts von diesen Dingen eingebüßt hat, oder sich erschreckt zeigt, obwohl er doch in einer Versammlung von mehr als zwanzigtausend Menschen steht, die ihm freundlich gesonnen sind, wo niemand ihn berauben oder ihm ein Unrecht zufügen will?

Ion: Nein, beim Zeus, nicht so ganz, wenn ich die Wahrheit sagen soll.

Sokrates: Weißt du denn, daß ihr auf die große Menge der Zuschauer die gleiche Wirkung ausübt?

Ion: Ja, sehr wohl weiß ich das. Ich sehe sie nämlich jedesmal von oben von der Bühne her weinen und furchtbar dreinblicken und mitstaunen über das Gesagte. Denn ich muß sehr stark auf sie meine Aufmerksamkeit richten: wenn ich sie nämlich dahin bringe, daß sie weinend dasitzen, dann kann ich hinterher lachen, weil ich Geld einnehme, lachen sie aber, dann muß ich hinterher weinen, weil ich Geld einbüße.

7. Sokrates: Weißt du denn, daß so ein Zuschauer der letzte von jenen Ringen ist, die, wie ich sagte, durch den Herakleischen Stein von einander ihre Kraft empfangen? Der mittlere bist du, der Rhapsode und Schauspieler, der erste der Dichter selbst. Der Gott aber zieht durch alle diese Glieder hindurch die Seele der Menschen, wohin er immer will, indem er ihre Kraft fortlaufend aneinander bindet. Und wie an jenen Stein,

τηται χορευτῶν τε καὶ διδασκάλων καὶ ὑποδιδασκάλων, ἐκ
πλαγίου ἐξηρτημένων τῶν τῆς Μούσης ἐκκρεμαμένων δακτυλίων. καὶ ὁ μὲν τῶν ποιητῶν ἐξ ἄλλης Μούσης, ὁ δὲ ἐξ
ἄλλης ἐξήρτηται – ὀνομάζομεν δὲ αὐτὸ κατέχεται, τὸ δέ ἐστι ¹
παραπλήσιον· ἔχεται γάρ – ἐκ δὲ τούτων τῶν πρώτων δακτυλίων, τῶν ποιητῶν, ἄλλοι ἐξ ἄλλου αὖ ἠρτημένοι εἰσὶ καὶ
ἐνθουσιάζουσιν, οἱ μὲν ἐξ Ὀρφέως, οἱ δὲ ἐκ Μουσαίου, οἱ δὲ
πολλοὶ ἐξ Ὁμήρου κατέχονταί τε καὶ ἔχονται. ὦν σύ, ὦ Ἴων,
εἶς εἶ καὶ κατέχῃ ἐξ Ὁμήρου, καὶ ἐπειδὰν μέν τις ἄλλου του
ποιητοῦ ᾄδῃ, καθεύδεις τε καὶ ἀπορεῖς ὅτι λέγῃς, ἐπειδὰν δὲ
τούτου τοῦ ποιητοῦ φθέγξηταί τις μέλος, εὐθὺς ἐγρήγορας
καὶ ὀρχεῖταί σου ἡ ψυχὴ καὶ εὐπο¹ρεῖς ὅ τι λέγῃς· οὐ γὰρ
τέχνῃ οὐδ' ἐπιστήμῃ περὶ Ὁμήρου λέγεις ἃ λέγεις, ἀλλὰ θείᾳ
μοίρᾳ καὶ κατοκωχῇ, ὥσπερ οἱ κορυβαντιῶντες ἐκείνου
μόνου αἰσθάνονται τοῦ μέλους ὀξέως ὃ ἂν ᾖ τοῦ θεοῦ ἐξ ὅτου
ἂν κατέχωνται, καὶ εἰς ἐκεῖνο τὸ μέλος καὶ σχημάτων καὶ ῥη-
μάτων εὐποροῦσι, τῶν δὲ ἄλλων οὐ φροντίζουσιν· οὕτω καὶ
σύ, ὦ Ἴων, περὶ μὲν Ὁμήρου ὅταν τις μνησθῇ, εὐπορεῖς, περὶ
δὲ τῶν ἄλλων ἀπορεῖς· τούτου δ' ἐστὶ τὸ αἴτιον, ὅ μ' ἐρω-
τᾷς, ¹ δι' ὅτι σὺ περὶ μὲν Ὁμήρου εὐπορεῖς περὶ δὲ τῶν ἄλλων
οὔ, ὅτι οὐ τέχνῃ ἀλλὰ θείᾳ μοίρᾳ Ὁμήρου δεινὸς εἶ ἐπαι-
νέτης.

8. Ἴ ω ν. Σὺ μὲν εὖ λέγεις, ὦ Σώκρατες· θαυμάζοιμι μεντἂν
εἰ οὕτως εὖ εἴποις, ὥστε με ἀναπεῖσαι ὡς ἐγὼ κατεχόμενος
καὶ μαινόμενος Ὅμηρον ἐπαινῶ. οἶμαι δὲ οὐδ' ἂν σοὶ δόξαιμι,
εἴ μου ἀκούσαις λέγοντος περὶ Ὁμήρου.

Σ ω κ ρ ά τ η ς. Καὶ μὴν ἐθέλω γε ἀκοῦσαι, οὐ μέντοι πρότερον πρὶν ἄν μοι ἀποκρίνῃ τόδε· ὦν ¹ Ὅμηρος λέγει περὶ τίνος

so heftet sich eine ganz große Kette von Tänzern, Chorlehrern und Unterlehrern, die seitwärts an den Ringen haften, die an der Muse aufgehängt sind. Und von den Dichtern heftet sich der eine an diese, der andere an jene Muse an – wir nennen es: er ist von ihr ergriffen, das aber kommt der Sache ganz nahe, denn er wird ja erfaßt. An diesen ersten Ringen aber, den Dichtern, sind jeweils wieder andere angeheftet und geraten in göttliche Begeisterung, die einen von Orpheus her, andere von Musaios. Die meisten aber werden von Homer erfaßt und ergriffen. Einer von denen bist du, Ion, und du wirst ergriffen von Homer, und wenn jemand etwas von irgend einem anderen Dichter vorträgt, dann schläfst du und weißt nicht, was du sagen sollst, wenn aber jemand einen Gesang dieses Dichters ertönen läßt, dann bist du sofort wach und es tanzt deine Seele und du hast eine Fülle zu sagen. Denn nicht auf Grund von Fach- und Sachwissen sagst du über Homer das, was du sagst, sondern kraft einer göttlichen Gabe und Ergriffenheit, wie die Korybantentänzer nur auf jenes Lied scharf aufpassen, das zu dem Gotte gehört, von dem sie besessen sind, und zu jenem Lied verfügen sie über eine Fülle von Figuren und Worten, auf die anderen aber achten sie nicht. So hast auch du, Ion, über Homer, wenn jemand ihn erwähnt, eine Fülle zu sagen, während du bei den anderen Dichtern in Verlegenheit bist. Das ist die Ursache von dem, wonach du mich fragst, weshalb du über Homer eine Fülle zu sagen hast, über die übrigen Dichter aber nicht: nicht auf Grund eines Fachwissens, sondern kraft einer göttlichen Gabe bist du ein fähiger Verherrlicher Homers.

8. Ion: Du hast gut reden, Sokrates, doch sollte es mich wundern, wenn du so gut reden kannst, daß du mich überzeugst, ich würde im Zustand der Ergriffenheit und Raserei Homer verherrlichen. Ich meine vielmehr, ich würde selbst dir nicht diesen Eindruck machen, wenn du mich über Homer reden hörtest.

Sokrates: Sicherlich, ich möchte dir schon zuhören, jedoch nicht eher, bevor du mir nicht Folgendes beantwortet hast:

εὖ λέγεις; οὐ γὰρ δήπου περὶ ἁπάντων γε.

Ι ω ν. Εὖ ἴσθι, ὦ Σώκρατες, περὶ οὐδενὸς ὅτου οὔ.
Σ ω κ ρ ά τ η ς. Οὐ δήπου καὶ περὶ τούτων ὧν σὺ μὲν τυγχά-
νεις οὐκ εἰδώς, Ὅμηρος δὲ λέγει.
Ἴ ω ν. Καὶ ταῦτα ποῖά ἐστιν ἃ Ὅμηρος μὲν λέγει, ἐγὼ δὲ
οὐκ οἶδα;
Σ ω κ ρ ά τ η ς. Οὐ καὶ περὶ τεχνῶν μέντοι λέγει Ι πολλαχοῦ 5
Ὅμηρος καὶ πολλά; οἷον καὶ περὶ ἡνιοχείας – ἐὰν μνησθῶ τὰ
ἔπη, ἐγώ σοι φράσω.

Ἴ ω ν. Ἀλλ’ ἐγὼ ἐρῶ· ἐγὼ γὰρ μέμνημαι.
Σ ω κ ρ ά τ η ς. Εἰπὲ δή μοι ἃ λέγει Νέστωρ Ἀντιλόχῳ τῷ
υἱεῖ, παραινῶν εὐλαβηθῆναι περὶ τὴν καμπὴν ἐν τῇ ἱπποδρομίᾳ
τῇ ἐπὶ Πατρόκλῳ.
Ἴ ω ν. Κλινθῆναι δέ, φησί, καὶ αὐτὸς ἐυξέστῳ ἐνὶ δίφρῳ
        ἦκ’ ἐπ’ ἀριστερὰ τοῖιν· ἀτὰρ τὸν δεξιὸν Ι ἵππον
        κένσαι ὁμοκλήσας, εἶξαί τέ οἱ ἡνία χερσίν.
        ἐν νύσσῃ δέ τοι ἵππος ἀριστερὸς ἐγχριμφθήτω,
        ὡς ἄν τοι πλήμνη γε δοάσσεται ἄκρον ἱκέσθαι
        κύκλου ποιητοῖο· λίθου δ’ ἀλέασθαι ἐπαυρεῖν.

Σ ω κ ρ ά τ η ς. Ἀρκεῖ. ταῦτα δή, ὦ Ἴων, τὰ ἔπη εἴΙτε ὀρθῶς λέγει Ὅμηρος εἴτε μή, πότερος ἂν γνοίη ἄμεινον, ἰατρὸς
ἢ ἡνίοχος;
Ἴ ω ν. Ἡνίοχος δήπου.
Σ ω κ ρ ά τ η ς. Πότερον ὅτι τέχνην ταύτην ἔχει ἢ κατ’ ἄλλο
τι;
Ἴ ω ν. Οὔκ, ἀλλ’ ὅτι τέχνην.
Σ ω κ ρ ά τ η ς. Οὐκοῦν ἑκάστῃ τῶν τεχνῶν ἀποδέδοταί τι
ὑπὸ τοῦ θεοῦ ἔργον οἵα τε εἶναι γιγνώσκειν; οὐ γάρ που ἃ
κυβερνητικῇ γιγνώσκομεν, γνωσόμεθα καὶ ἰατρικῇ.

ω ν. Οὐ δῆτα.

26

über welchen von den Gegenständen, von denen Homer spricht, redest du gut? Denn offenbar doch nicht gerade über alle.

Ion: Sei versichert, Sokrates, über jeden ohne Ausnahme.

Sokrates: Doch offenbar nicht auch über die, über die du zufällig nichts weißt, über die Homer aber spricht.

Ion: Und was sind das für Gegenstände, über die Homer spricht, ich aber nichts weiß?

Sokrates: Spricht Homer denn nicht über bestimmte Fachgebiete an vielen Stellen und vielerlei? z.B. etwa über das Rosselenken –, wenn ich mich an die Verse noch erinnere, will ich sie dir sagen.

Ion: Nein, ich will sie sagen, denn ich habe sie im Kopf.

Sokrates: So sprich mir vor, was Nestor seinem Sohn Antilochos sagt, als er ihn ermahnt, achtzugeben auf die Kehre beim Wagenrennen zu Ehren des Patroklos.

> Ion: „Selbst aber beuge dich (sagt er) auf dem wohlgeglätteten Sitze
> Leicht zur Seite nach links und das rechte Roß des Gespannes
> Treibe mit Stachel und Ruf und laß ihm freier die Zügel.
> Hart am Prellstein soll dann das linke Roß sich dir wenden,
> Daß die Nabe des Kunstvoll gebildeten Rades den Rand dir
> Fast zu berühren erscheint, doch den Stein zu streifen vermeide."

Sokrates: Das genügt. Diese Verse nun, Ion, ob Homer sie sachgerecht spricht oder nicht, wer kann das wohl besser erkennen, ein Arzt oder ein Wagenlenker?

Ion: Ein Wagenlenker offenbar.

Sokrates: Weil er das entsprechende Fachwissen hat oder aus einem anderen Grunde?

Ion: Nein, vielmehr wegen des Fachwissens.

Sokrates: Ist nun nicht einem jeden Fachwissen von Gott die Fähigkeit mitgegeben, ein spezifisches Sachgebiet zu erkennen? Denn was wir mit Hilfe der Steuermannskunst erkennen, das werden wir doch nicht mit Hilfe der Medizin erkennen können.

Ion: Gewiß nicht.

Σ ω κ ρ ά τ η ς. Οὐδέ γε ἃ ἰατρικῇ, ταῦτα καὶ τεκτονικῇ.

Ἴ ω ν. Οὐ δῆⁱτα.

Σ ω κ ρ ά τ η ς. Οὐκοῦν οὕτω καὶ κατὰ πασῶν τῶν τεχνῶν, ἃ τῇ ἑτέρᾳ τέχνῃ γιγνώσκομεν, οὐ γνωσόμεθα τῇ ἑτέρᾳ; τόδε δέ μοι πρότερον τούτου ἀπόκριναι· τὴν μὲν ἑτέραν φῂς εἶναί τινα τέχνην, τὴν δ' ἑτέραν;

Ἴ ω ν. Ναί.

Σ ω κ ρ ά τ η ς. Ἆρα ὥσπερ ἐγὼ τεκμαιρόμενος, ὅταν ἡ μὲν ἑτέρων πραγάτων ᾖ ἐπιστήμη, ἡ δ' ἑτέρων, οὕτω καλῶ τὴν μὲν ἄλλην, τὴν δὲ ἄλλην τέχνην, οὕτω καὶ σύ;

Ἴ ω ν. ⁱΝαί.

Σ ω κ ρ ά τ η ς. Εἰ γάρ που τῶν αὐτῶν πραγμάτων ἐπιστήμη εἴη τις, τί ἂν τὴν μὲν ἑτέραν φαῖμεν εἶναι, τὴν δ' ἑτέραν, ὁπότε γε ταὐτὰ εἴη εἰδέναι ἀπ' ἀμφοτέρων; ὥσπερ ἐγώ τε γιγνώσκω ὅτι πέντε εἰσὶν οὗτοι οἱ δάκτυλοι, καὶ σύ, ὥσπερ ἐγώ, περὶ τούτων ταὐτὰ γιγνώσκεις· καὶ εἴ σε ἐγὼ ἐροίμην εἰ τῇ αὐτῇ τέχνῃ γιγνώσκομεν τῇ ἀριθμητικῇ τὰ αὐτὰ ἐγώ τε καὶ σὺ ἢ ἄλλῃ, φαίης ἂν δήπου τῇ αὐτῇ.

Ἴ ω ν. Ναί.

Σ ω κ ρ ά τ η ς. Ὃ τοίνυν ἄρτι ⁱ ἔμελλον ἐρήσεσθαί σε, νυνὶ 5 εἰπέ, εἰ κατὰ πασῶν τῶν τεχνῶν οὕτω σοι δοκεῖ, τῇ μὲν αὐτῇ τέχνῃ τὰ αὐτὰ ἀναγκαῖον εἶναι γιγνώσκειν, τῇ δ' ἑτέρᾳ μὴ τὰ αὐτά, ἀλλ' εἴπερ ἄλλη ἐστίν, ἀναγκαῖον καὶ ἕτερα γιγνώσκειν.

Ἴ ω ν. Οὕτω μοι δοκεῖ, ὦ Σώκρατες.

9. Σ ω κ ρ ά τ η ς. Οὐκοῦν ὅστις ἂν μὴ ἔχῃ τινὰ τέχνην, ταύτης τῆς τέχνης τὰ λεγόμενα ἢ πραττόμενα καλῶς γιγνώσκειν οὐχ οἷός τ' ἔσται;

Sokrates: Und auch nicht, was wir mit Hilfe der Medizin erkennen, mit Hilfe der Zimmermannskunst.

Ion: Gewiß nicht.

Sokrates: Ist es so nicht bei allen Fachkenntnissen; was wir mit Hilfe des einen Fachwissens erkennen, das können wir nicht mit Hilfe eines anderen erkennen. Folgendes beantworte mir noch vorher. Behauptest du, daß dieses bestimmte Fachwissen eines ist, jenes aber ein anderes?

Ion: Ja.

Sokrates: Also, wie ich folgerichtig, wenn das eine Sachwissen sich auf diese, das andere aber auf jene Gegenstände bezieht, dann das eine dieses, das andere aber jenes Fachwissen nenne, würdest so auch du vorgehen?

Ion: Ja.

Sokrates: Wenn es nämlich irgendwie von denselben Gegenständen ein bestimmtes Sachwissen gäbe, wozu sollten wir dann das eine dieses, das andere aber jenes Sachwissen nennen, wenn doch ein und daselbe Wissen sich aus beiden ergibt? z.B. wie ich erkenne, daß dies hier fünf Finger sind, so erkennst auch du, wie ich, darin eben dasselbe. Und wenn ich dich fragte, ob wir durch dasselbe Fachwissen, nämlich die Arithmetik, dasselbe erkennen, ich und du, oder durch ein anderes Fachwissen, dann würdest du doch wohl sagen, durch dasselbe.

Ion: Ja.

Sokrates: Was ich dich also vorhin schon fragen wollte, das sage mir jetzt, ob es deiner Meinung nach bei allen Fachkenntnissen so ist, daß man notwendigerweise durch ein und dasselbe Fachwissen dieselben Gegenstände erkennen kann, durch ein anderes aber nicht dieselben, sondern daß man, wenn wirklich ein anderes Fachwissen vorliegt, notwendigerweise auch andere Gegenstände erkennt.

Ion: So meine ich, Sokrates.

9. Sokrates: Wer nun ein bestimmtes Fachwissen nicht besitzt, der wird doch auch nicht in der Lage sein, richtig zu erkennen, was im Bereiche dieses Fachwissens gesagt oder gehandelt wird?

Ἴων. Ἀληθῆ λέγεις.

Σωκράτης. Πότερον οὖν περὶ τῶν ἐπῶν ὧν εἶπες, εἴτε καλῶς λέγει Ὅμηρος εἴτε μή, σὺ κάλλιον γνώσῃ ἢ ἡνίοχος;

Ἴων. Ἡνίοχος.

Σωκράτης. Ῥαψῳδὸς γάρ που εἶ ἀλλ᾽ οὐχ ἡνίοχος.

Ἴων. Ναί.

Σωκράτης. Ἡ δὲ ῥαψῳδικὴ τέχνη ἑτέρα ἐστὶ τῆς ἡνιοχικῆς;

Ἴων. Ναί.

Σωκράτης. Εἰ ἄρα ἑτέρα, περὶ ἑτέρων καὶ ἐπιστήμη πραγμάτων ἐστίν.

Ἴων. Ναί.

Σωκράτης. Τί δὲ δὴ ὅταν Ὅμηρος λέγῃ ὡς τετρωμένῳ τῷ Μαχάονι Ἑκαμήδη ἡ Νέστορος παλλακὴ κυκεῶνα πι-| εῖν δίδωσι; καὶ λέγει πως οὕτως –

οἴνῳ πραμνείῳ, φησίν, ἐπὶ δ᾽ αἴγειον κνῆ τυρὸν
κνήστι χαλκείῃ· παρὰ δὲ κρόμυον ποτῷ ὄψον·

ταῦτα εἴτε ὀρθῶς λέγει Ὅμηρος εἴτε μή, πότερον ἰατρικῆς ἐστι διαγνῶναι καλῶς ἢ ῥαψῳδικῆς;

Ἴων. Ἰατρικῆς.

Σωκράτης. Τί δέ, ὅταν λέγῃ Ὅμηρος –

| ἡ δὲ μολυβδαίνῃ ἰκέλη ἐς βυσσὸν ἵκανεν,
ἥ τε κατ᾽ ἀγραύλοιο βοὸς κέρας ἐμμεμαυῖα
ἔρχεται ὠμηστῇσι μετ᾽ ἰχθύσι πῆμα φέρουσα·

ταῦτα πότερον φῶμεν ἁλιευτικῆς εἶναι τέχνης μᾶλλον κρῖναι ἢ ῥαψῳδικῆς, ἅττα λέγει καὶ εἴτε καλῶς εἴτε μή;

Ἴων. Δῆλον δή, ὦ Σώκρατες, ὅτι ἁλιευτικῆς.

Σωκράτης. Σκέψαι δή, σοῦ ἐρομένου, εἰ ἔροιό με·
» Ἐπειδὴ | τοίνυν, ὦ Σώκρατες, τούτων τῶν τεχνῶν ἐν Ὁμήρῳ εὑρίσκεις ἃ προσήκει ἑκάστῃ διακρίνειν, ἴθι μοι ἔξευρε καὶ τὰ τοῦ μάντεώς τε καὶ μαντικῆς, ποῖά ἐστιν ἃ προσήκει αὐτῷ οἵῳ τ᾽ εἶναι διαγιγνώσκειν, εἴτε εὖ εἴτε κακῶς πεποίηται « – σκέψαι ὡς ῥᾳδίως τε καὶ ἀληθῆ ἐγώ σοι

30

Ion: Du hast recht.

Sokrates: Hinsichtlich der Verse also, die du anführtest, ob Homer da richtig spricht oder nicht, wirst du das besser erkennen können oder ein Wagenlenker?

Ion: Ein Wagenlenker.

Sokrates: Denn du bist doch wohl ein Rhapsode und kein Wagenlenker.

Ion: Ja.

Sokrates: Die Rhapsodenkunst ist aber eine andere als die des Wagenlenkers.

Ion: Ja.

Sokrates: Wenn sie also eine andere ist, dann ist sie auch ein Sachwissen von anderen Gegenständen.

Ion: Ja.

Sokrates: Wie aber, wenn Homer sagt, daß Hekamede, die Mätresse des Nestor, dem verwundeten Machaon einen Heiltrunk zu trinken gibt, und dabei etwa, wie folgt, spricht:

> „Auf den pramnischen Wein (sagt er) schabt Ziegenkäse sie mit der
> Raspel aus Erz und als Zukost Zwiebel zum Tranke."

Ob Homer das richtig sagt oder nicht, kommt es der Medizin oder der Rhapsodenkunst zu, das richtig zu entscheiden?

Ion: Der Medizin.

Sokrates: Wie aber, wenn Homer sagt:

> „Sie aber tauchte hinab, einer bleiernen Kugel vergleichbar,
> Welche, zunächst am Horn eines weidenden Stieres befestigt,
> Abwärts sinkt, das Verderben den gierigen Fischen zu bringen."

Sollen wir nun sagen, daß es mehr der Fischerkunst zukommt, das zu erkennen oder der Rhapsodenkunst, was er sagt und ob er es richtig sagt oder nicht?

Ion: Offenbar, Sokrates, der Fischerkunst.

Sokrates: Sieh nun: Angenommen, du wärst der Fragende und fragtest mich: „Da du nun von diesen Fachkenntnissen im Homer herausfindest, was jeder einzelnen zu beurteilen zukommt, so komm und finde mir auch heraus, was Gegenstand des Sehers und der Seherkunst ist, wie beschaffen es ist, was ihr zukommt, entscheiden zu können, ob es gut oder ob es

ἀποκρινοῦμαι. πολλαχοῦ μὲν γὰρ καὶ ἐν Ὀδυσσείᾳ λέγει,
οἷον καὶ ἃ ὁ τῶν Μελαμποδιδῶν λέγει μάντις πρὸς τοὺς
μνηστῆρας, Θεοκλύμενος –

   ǀ δαιμόνιοι, τί κακὸν τόδε πάσχετε; νυκτὶ μὲν ὑμέων
   εἰλύαται κεφαλαί τε πρόσωπά τε νέρθε τε γυῖα,
   οἰμωγὴ δὲ δέδηε, δεδάκρυνται δὲ παρειαί·
   εἰδώλων τε πλέον πρόθυρον, πλείη δὲ καὶ αὐλὴ
   ἱεμένων ἐρεβόσδε ὑπὸ ζόφον· ἠέλιος δὲ
   ǀ οὐρανοῦ ἐξαπόλωλε, κακὴ δ' ἐπιδέδρομεν ἀχλύς·
πολλαχοῦ δὲ καὶ ἐν Ἰλιάδι, οἷον καὶ ἐπὶ τειχομαχίᾳ· λέγει
γὰρ καὶ ἐνταῦθα –

   ὄρνις γάρ σφιν ἐπῆλθε περησέμεναι μεμαῶσιν,
   αἰετὸς ὑψιπέτης, ἐπ' ἀριστερὰ λαὸν ἐέργων,
   ǀ φοινήεντα δράκοντα φέρων ὀνύχεσσι πέλωρον,
   ζωόν, ἔτ' ἀσπαίροντα· καὶ οὔπω λήθετο χάρμης.
   κόψε γὰρ αὐτὸν ἔχοντα κατὰ στῆθος παρὰ δειρὴν
   ἰδνωθεὶς ὀπίσω, ὁ δ' ἀπὸ ἔθεν ἧκε χαμᾶζε
   ἀλγήσας ὀδύνῃσι, μέσῳ δ' ἐνὶ κάββαλ' ὁμίλῳ·
   ǀ αὐτὸς δὲ κλάγξας πέτετο πνοιῇς ἀνέμοιο.
ταῦτα φήσω καὶ τὰ τοιαῦτα τῷ μάντει προσήκειν καὶ σκο-
πεῖν καὶ κρίνειν.

˝ Ι ω ν. Ἀληθῆ γε σὺ λέγων, ὦ Σώκρατες.
10. Σ ω κ ρ ά τ η ς. Καὶ σύ γε, ὦ ˝Ιων, ἀληθῆ ταῦτα λέγεις.
ἴθι δὴ καὶ σὺ ἐμοί, ὥσπερ ἐγὼ σοὶ ἐξέλεξα καὶ ἐξ Ὀδυσσείας
καὶ ἐξ Ἰλιάδος ὁποῖα τοῦ μάντεώς ἐστι καὶ ὁποῖα τοῦ ἰατροῦ
καὶ ὁποῖα τοῦ ǀ ἁλιέως, οὕτω καὶ σὺ ἐμοὶ ἔκλεξον, ἐπειδὴ καὶ
ἐμπειρότερος εἶ ἐμοῦ τῶν Ὁμήρου, ὁποῖα τοῦ ῥαψῳδοῦ ἐστιν,
ὦ ˝Ιων, καὶ τῆς τέχνης τῆς ῥαψῳδικῆς, ἃ τῷ ῥαψῳδῷ προσ-
ήκει καὶ σκοπεῖσθαι καὶ διακρίνειν παρὰ τοὺς ἄλλους ἀνθρώπους.

˝ Ι ω ν. Ἐγὼ μέν φημι, ὦ Σώκρατες, ἅπαντα.
Σ ω κ ρ ά τ η ς. Οὐ σύ γε φής, ὦ ˝Ιων, ἅπαντα· ἢ οὕτως
ἐπιλήσμων εἶ; καίτοι οὐκ ἂν πρέποι γε ἐπιλήσμονα εἶναι
ῥαψῳδὸν ἄνδρα.

schlecht gedichtet ist" – sieh, wie einfach und wahrheitsgemäß ich dir antworten werde. An vielen Stellen nämlich sagt er sowohl in der Odyssee, wie und was der Seher der Melampodiden, Theoklymenos, zu den Freiern spricht:

„Elende, was ist euch da Böses geschehen? In Nacht sind
Eingehüllt eure Häupter, Gesichter und unten die Knie,
Jammergeschrei entbrannt und tränenbenetzt sind die Wangen,
Voll ist das Vortor von Schattengebilden, voll auch der Hofraum,
Die hinunter ins Dunkel zum Erebos streben. Die Sonne
Aber am Himmel ist völlig verlöscht; böse Finsternis zog auf."

An vielen Stellen aber auch in der Ilias, wie z. B. beim Mauerkampf. Denn auch da sagt er:

„Denn ein Vogel erschien ihnen, als sie drängten zum Durchbruch,
Hohen Flugs ein Adler, zur Linken streifend das Heervolk,
Tragend ein grausiges Tier, eine blutige Schlange, im Fange,
Noch lebendig und zappelnd; sie ließ nicht ab sich zu wehren.
Sie schlug nämlich nach ihm, der sie hielt, auf die Brust bei dem Halse,
Rückwärts gekrümmt, er warf sie von sich herab auf die Erde,
Hart von Schmerzen gequält, und sie fiel in die Mitte der Menge,
Aber er selbst flog krächzend davon im Wehen des Windes."

Das, behaupte ich, und derartiges, kommt dem Seher zu zu untersuchen und zu beurteilen.

Ion: Das ist wahr, allerdings, was du sagst, Sokrates.

10. Sokrates: Auch was du sagst, Ion, ist hierin wahr, allerdings. So komm denn und such du mir heraus, wie ich dir herausgesucht habe sowohl aus der Odyssee als auch aus der Ilias, welche Stellen den Seher angehen und welche den Arzt und welche den Fischer, so also auch du, da du ja mehr Erfahrung hast als ich in Sachen Homer, welche Stellen den Rhapsoden angehen, Ion, und die Rhapsodenkunst, die dem Rhapsoden zukommen zu untersuchen und zu beurteilen, mehr als alle anderen Menschen.

Ion: Ich für mein Teil behaupte, Sokrates, alle.

Sokrates: Nein, du selbst, Ion, behauptest nicht: „alles". Oder bist du so vergeßlich? Doch sollte es sich eigentlich nicht für einen Rhapsoden gehören, vergeßlich zu sein.

Ἴων. Τί δὲ δὴ ᾿ ἐπιλανθάνομαι;
Σωκράτης. Οὐ μέμνησαι ὅτι ἔφησθα τὴν ῥαψῳδικὴν τέχνην ἑτέραν εἶναι τῆς ἡνιοχικῆς;
Ἴων. Μέμνημαι.
Σωκράτης. Οὐκοῦν καὶ ἑτέραν οὖσαν ἕτερα γνώσεσθαι ὡμολόγεις;
Ἴων. Ναί.
Σωκράτης. Οὐκ ἄρα πάντα γε γνώσεται ἡ ῥαψῳδικὴ κατὰ τὸν σὸν λόγον οὐδὲ ὁ ῥαψῳδός.

Ἴων. Πλήν γε ἴσως τὰ τοιαῦτα, ὦ Σώκρατες.

Σωκράτης. Τὰ τοιαῦτα ᾿ δὲ λέγεις πλὴν τὰ τῶν ἄλλων τεχνῶν σχεδόν τι· ἀλλὰ ποῖα δὴ γνώσεται, ἐπειδὴ οὐχ ἅπαντα;

Ἴων. Ἃ πρέπει, οἶμαι ἔγωγε, ἀνδρὶ εἰπεῖν καὶ ὁποῖα γυναικί, καὶ ὁποῖα δούλῳ καὶ ὁποῖα ἐλευθέρῳ, καὶ ὁποῖα ἀρχομένῳ καὶ ὁποῖα ἄρχοντι.

Σωκράτης. Ἄρα ὁποῖα ἄρχοντι, λέγεις, ἐν θαλάττῃ χειμαζομένου πλοίου πρέπει εἰπεῖν, ὁ ῥαψῳδὸς γνώσεται κάλλιον ἢ ὁ κυβερνήτης;
Ἴων. Οὔκ, ἀλλὰ ὁ κυβερνήτης τοῦτό γε.

Σωκράτης. Ἀλλ᾽ ὁποῖα ἄρ᾿ χοντι κάμνοντος πρέπει εἰπεῖν, ὁ ῥαψῳδὸς γνώσεται κάλλιον ἢ ὁ ἰατρός;

Ἴων. Οὐδὲ τοῦτο.
Σωκράτης. Ἀλλ᾽ οἷα δούλῳ πρέπει, λέγεις;

Ἴων. Ναί.
Σωκράτης. Οἷον βουκόλῳ λέγεις δούλῳ ἃ πρέπει εἰπεῖν ἀγριαινουσῶν βοῶν παραμυθουμένῳ, ὁ ῥαψῳδὸς γνώσεται ἀλλ᾽ οὐχ ὁ βουκόλος;

Ion: Was vergesse ich denn?

Sokrates: Erinnerst du dich nicht, daß du zugestanden hast, die Rhapsodenkunst sei eine andere als die des Wagenlenkers?

Ion: Daran erinnere ich mich.

Sokrates: Und daß sie als eine andere andere Gegenstände zu erkennen hat, gabst da das zu?

Ion: Ja.

Sokrates: Also wird die Rhapsodenkunst wenigstens nicht alles erkennen können, nach deiner eigenen Behauptung, und auch nicht der Rhapsode.

Ion: Ausgenommen vielleicht solcherlei Gegenstände, Sokrates.

Sokrates: Mit „solcherlei Gegenständen" meinst du vielleicht die, die nicht den anderen Fachkenntnissen zugehören? Aber welcher Art sind nun die Gegenstände, die sie erkennt, da doch eben nicht alle?

Ion: Was einem Manne geziemt, so meine ich, zu sprechen und was einer Frau und was einem Sklaven und was einem Freien und was einem Gehorchenden und was einen Gebietenden.

Sokrates: Also, was einem Gebietenden, meinst du, wenn das Schiff auf See in Sturm gerät, geziemt zu sagen, das wird der Rhapsode besser erkennen können als der Steuermann?

Ion: Nein, sondern der Steuermann, in diesem Fall wenigstens.

Sokrates: Aber was einem über einen Kranken Gebietenden zu sagen geziemt, wird das der Rhapsode besser erkennen können als der Arzt?

Ion: Auch das nicht.

Sokrates: Aber was sich für einen Sklaven geziemt, meinst du?

Ion: Ja.

Sokrates: Etwa was sich für einen Sklaven, der ein Rinderhirte ist, zu sagen geziemt, meinst du, wenn die Rinder wild werden und er ihnen besänftigend zuredet, das wird der Rhapsode erkennen können, aber nicht der Rinderhirte?

Ἴ ω ν. Οὐ δῆτα.

Σ ω κ ρ ά τ η ς. Ἀλλ᾽ οἷα γυναικὶ πρέποντά ἐστιν εἰπεῖν ταλασιουργῷ περὶ ἐρίων ¹ ἐργασίας;

Ἴ ω ν. Οὔ.

Σ ω κ ρ ά τ η ς. Ἀλλ᾽ οἷα ἀνδρὶ πρέπει εἰπεῖν γνώσεται στρατηγῷ στρατιώταις παραινοῦντι;

Ἴ ω ν. Ναί, τὰ τοιαῦτα γνώσεται ὁ ῥαψῳδός.

11. Σ ω κ ρ ά τ η ς. Τί δέ; ἡ ῥαψῳδικὴ τέχνη στρατηγική ἐστιν;

Ἴ ω ν. Γνοίην γοῦν ἂν ἔγωγε οἷα στρατηγὸν πρέπει εἰπεῖν.

Σ ω κ ρ ά τ η ς. Ἴσως γὰρ εἶ καὶ στρατηγικός, ὦ Ἴων. καὶ γὰρ εἰ ἐτύγχανες ἱππικὸς ὢν ἅμα καὶ κιθαριστικός, ἔγνως ἂν ἵππους εὖ καὶ κακῶς ἱππαζομένους· ἀλλ᾽ εἴ σ᾽ ¹ ἐγὼ ἠρόμην· » Ποτέρᾳ δὴ τέχνῃ, ὦ Ἴων, γιγνώσκεις τοὺς εὖ ἱππαζομένους ἵππους; ᾗ ἱππεὺς εἶ ἢ ᾗ κιθαριστής;« τί ἄν μοι ἀπεκρίνω;

Ἴ ω ν. Ἦι ἱππεύς, ἔγωγ᾽ ἄν.

Σ ω κ ρ ά τ η ς. Οὐκοῦν εἰ καὶ τοὺς εὖ κιθαρίζοντας διεγίγνωσκες, ὡμολόγεις ἄν, ᾗ κιθαριστὴς εἶ, ταύτῃ διαγιγνώσκειν, ἀλλ᾽ οὐχ ᾗ ἱππεύς.

Ἴ ω ν. Ναί.

Σ ω κ ρ ά τ η ς. Ἐπειδὴ δὲ τὰ στρατιωτικὰ γιγνώσκεις, πότερον ᾗ στρατηγικὸς εἶ γιγνώσκεις ἢ ᾗ ῥαψῳδὸς ἀγαθός;

Ἴ ω ν. Οὐδὲν ἔμοιγε δοκεῖ διαφέρειν.

Σ ω κ ρ ά τ η ς. Πῶς; οὐδὲν ¹ λέγεις διαφέρειν; μίαν λέγεις ₅ τέχνην εἶναι τὴν ῥαψῳδικὴν καὶ τὴν στρατηγικὴν ἢ δύο;

Ἴ ω ν. Μία ἔμοιγε δοκεῖ.

Σ ω κ ρ ά τ η ς. Ὅστις ἄρα ἀγαθὸς ῥαψῳδός ἐστιν, οὗτος καὶ ἀγαθὸς στρατηγὸς τυγχάνει ὤν;

Ἴ ω ν. Μάλιστα, ὦ Σώκρατες.

Σ ω κ ρ ά τ η ς. Οὐκοῦν καὶ ὅστις ἀγαθὸς στρατηγὸς τυγχάνει ὤν, ἀγαθὸς καὶ ῥαψῳδός ἐστιν;

Ion: Gewiß nicht.

Sokrates: Aber was für eine Frau geziemend ist zu sagen, die Wolle verarbeitet, über die Verarbeitung der Wolle?

Ion: Nein.

Sokrates: Aber was einem Manne geziemt, der Feldherr ist und seine Soldaten anfeuert, wird er das erkennen können?

Ion: Ja, solche Dinge wird der Rhapsode erkennen können.

Sokrates: Wie? Ist die Rhapsodenkunst Feldherrnkunst?

Ion: Jedenfalls könnte ich schon erkennen, was einem Feldherrn zu sagen geziemt.

Sokrates: So bist du vielleicht gar eine Feldherrnnatur, Ion. Denn wenn du dich auf das Reiten verstündest und zugleich auch auf das Kitharaspielen, dann könntest du wohl erkennen, wie Pferde schlecht oder gut geritten werden. Aber wenn ich dich fragte: „Kraft welchen Fachwissens, Ion, erkennst du die gut gerittenen Pferde, als Reiter oder als Kitharaspieler", was würdest du mir antworten?

Ion: Als Reiter, würde ich sagen.

Sokrates: Und wenn du die guten Kitharaspieler beurteilst, so würdest du doch zugestehen, du beurteilst sie als Kitharaspieler, nicht aber als Reiter.

Ion: Ja.

Sokrates: Da du nun über die Fragen der Heerführung Kenntnis besitzt, besitzt du diese Kenntnis insofern du eine Feldherrnnatur bist oder als guter Rhapsode?

Ion: Das scheint mir keinen Unterschied zu machen.

Sokrates: Wie? Das macht keinen Unterschied, sagst du? Hältst du für ein und dasselbe Fachwissen das des Rhapsoden und das des Feldherrn oder für zwei?

Ion: Für ein und dasselbe, meine ich.

Sokrates: Wer also ein guter Rhapsode ist, der ist damit auch ein guter Feldherr?

Ion: Sehr wohl, Sokrates.

Sokrates: So ist wohl auch, wer nur gerade ein guter Feldherr ist, zugleich ein guter Rhapsode?

Ἴων. Οὐκ αὖ μοι δοκεῖ τοῦτο.

Σωκράτης. Ἀλλ' ἐκεῖνο μὴν δοκεῖ σοι, ὅστις γε ἀγαθὸς ῥαψῳδός, καὶ στρα Ιτηγὸς ἀγαθὸς εἶναι;

Ἴων. Πάνυ γε.

Σψκράτης. Οὐκοῦν σὺ τῶν Ἑλλήνων ἄριστος ῥαψῳδὸς εἶ;

Ἴων. Πολύ γε, ὦ Σώκρατες.

Σωκράτης. Ἦ καὶ στρατηγός, ὦ Ἴων, τῶν Ἑλλήνων ἄριστος εἶ;

Ἴων. Εὖ ἴσθι, ὦ Σώκρατες· καὶ ταῦτά γε ἐκ τῶν Ὁμήρου μαθών.

12. Σωκράτης. Τί δή ποτ' οὖν πρὸς τῶν θεῶν, ὦ Ἴων, ἀμφότερα ἄριστος ὢν τῶν Ἑλλήνων, καὶ στρατηγὸς καὶ ῥαψῳδός, ῥαψῳδεῖς μὲν περιιὼν τοῖς Ἕλλησι, στρατηγεῖς δ' οὔ; ἢ ῥαψῳδοῦ μὲν δοκεῖ σοι χρυ Ισῷ στεφάνῳ ἐστεφανωμένου πολλὴ χρεία εἶναι τοῖς Ἕλλησι, στρατηγοῦ δὲ οὐδεμία;

Ἴων. Ἡ μὲν γὰρ ἡμετέρα, ὦ Σώκρατες, πόλις ἄρχεται ὑπὸ ὑμῶν καὶ στρατηγεῖται καὶ οὐδὲν δεῖται στρατηγοῦ, ἡ δὲ ὑμετέρα καὶ ἡ Λακεδαιμονίων οὐκ ἄν με ἕλοιτο στρατηγόν· αὐτοὶ γὰρ οἴεσθε ἱκανοὶ εἶναι.

Σωκράτης. Ὦ βέλτιστε Ἴων, Ἀπολλόδωρον οὐ γιγνώσκεις τὸν Κυζικηνόν;

Ἴων. Ποῖον τοῦτον;

Σωκράτης. Ὃν Ἀθηναῖοι πολλάκις ἑαυτῶν στρατηγὸν Ι ᾕρηνται ξένον ὄντα· καὶ Φανοσθένη τὸν Ἄνδριον καὶ Ἡρακλείδην τὸν Κλαζομένιον, οὓς ἥδε ἡ πόλις ξένους ὄντας, ἐνδειξαμένους ὅτι ἄξιοι λόγου εἰσί, καὶ εἰς στρατηγίας καὶ εἰς τὰς ἄλλας ἀρχὰς ἄγει. Ἴωνα δ' ἄρα τὸν Ἐφέσιον οὐχ αἱρήσεται στρατγὸν καὶ τιμήσει, ἐὰν δοκῇ ἄξιος λόγου εἶναι; τί δέ; οὐκ Ἀθηναῖοι μέν ἐστε οἱ Ἐφέσιοι τὸ ἀρχαῖον, καὶ ἡ Ἔφεσος οὐδεμιᾶς ἐλάττων πόλεως; Ι ἀλλὰ γὰρ σύ, ὦ Ἴων, εἰ μὲν ἀληθῆ

Ion: Das scheint mir nun wieder nicht der Fall zu sein.

Sokrates: Jenes aber scheint dir doch so, daß, wer ein guter Rhapsode ist, auch ein guter Feldherr ist?

Ion: Allerdings.

Sokrates: Du bist doch unter den Griechen der beste Rhapsode?

Ion: Bei weitem, Sokrates.

Sokrates: Also bist du auch als Feldherr, Ion, unter den Griechen der beste?

Ion: Ganz gewiß, Sokrates, und zwar habe ich das aus dem Homer gelernt.

12. Sokrates: Warum denn nun eigentlich, bei den Göttern, Ion, der du in beidem der beste bist, sowohl als Feldherr als auch als Rhapsode, warum ziehst du als Rhapsode bei den Griechen umher, betätigst dich aber nicht als Feldherr? Oder meinst du, nach einem Rhapsoden, der mit einem goldenen Kranz bekränzt ist, besteht ein großes Bedürfnis bei den Griechen, nach einem Feldherrn aber gar keines?

Ion: Nun, unsere Stadt, Sokrates, wird ja von euch beherrscht und von euren Feldherrn geführt und sie bedarf eines Feldherrn überhaupt nicht; eure Stadt aber und die der Lakedaemonier würden mich wohl nicht zum Feldherrn wählen, meint ihr doch selbst fähig dazu zu sein.

Sokrates: Bester Ion, kennst du nicht den Apollodor aus Kyzikos?

Ion: Welchen?

Sokrates: Den die Athener oft zu ihrem Feldherrn gewählt haben, obwohl er ein Fremder war. Und Phanosthenes von Andros und Herakleides von Klazomenai, die unsere Stadt, obwohl Fremde, da sie beachtliche Leistungen gezeigt haben, sowohl in das Feldherrnamt als auch in andere Ämter erhebt. Ion aber aus Ephesos sollte sie nicht zum Strategen wählen und ehren, auch wenn er beachtenswert erschiene? Wie denn? Seid ihr Ephesier nicht überhaupt Athener von alters her und steht nicht Ephesos hinter keiner anderen Stadt zurück? Freilich, Ion, wenn diese Behauptung wahr ist, du seist kraft Fach-

λέγεις ὡς τέχνη καὶ ἐπιστήμη οἷός τε εἶ Ὅμηρον ἐπαινεῖν, ἀδικεῖς, ὅστις ἐμοὶ ὑποσχόμενος ὡς πολλὰ καὶ καλὰ περὶ Ὁμήρου ἐπίστασαι καὶ φάσκων ἐπιδείξειν, ἐξαπατᾷς με καὶ πολλοῦ δεῖς ἐπιδεῖξαι, ὅς γε οὐδὲ ἅττα ἐστὶ ταῦτα περὶ ὧν δεινὸς εἶ ἐθέλεις εἰπεῖν, πάλαι ἐμοῦ λιπαροῦντος, ἀλλὰ ἀτεχνῶς ὥσπερ ὁ Πρωτεὺς παντοδαπὸς γίγνῃ στρεφόμενος ἄνω καὶ κάτω, ἕως τελευτῶν διαφυγών με στρατηγὸς ἀνεφά-νης, ἵνα μὴ ἐπιδείξῃς ὡς δεινὸς εἶ | τὴν περὶ Ὁμήρου σοφίαν. 5 εἰ μὲν οὖν τεχνικὸς ὤν, ὅπερ νυνδὴ ἔλεγον, περὶ Ὁμήρου ὑποσχόμενος ἐπιδείξειν ἐξαπατᾷς με, ἄδικος εἶ· εἰ δὲ μὴ τεχνικὸς εἶ, ἀλλὰ θείᾳ μοίρᾳ κατεχόμενος ἐξ Ὁμήρου μηδὲν εἰδὼς πολλὰ καὶ καλὰ λέγεις περὶ τοῦ ποιητοῦ, ὥσπερ ἐγὼ εἶπον περὶ σοῦ, οὐδὲν ἀδικεῖς. ἑλοῦ οὖν πότερα βούλει νομίζεσθαι ὑπὸ ἡμῶν ἄδικος ἀνὴρ εἶναι ἢ θεῖος.

Ι ω ν. Πολὺ διαφέ|ρει, ὦ Σώκρατες· πολὺ γὰρ κάλλιον τὸ b θεῖον νομίζεσθαι.

Σ ω κ ρ ά τ η ς. Τοῦτο τοίνυν τὸ κάλλιον ὑπάρχει σοι παρ' ἡμῖν, ὦ Ἴων, θεῖον εἶναι καὶ μὴ τεχνικὸν περὶ Ὁμήρου ἐπαινέτην.

und Sachwissen befähigt, Homer zu verherrlichen, dann tust du Unrecht, da du mir doch versprochen hast, du wüßtest vieles Schöne über Homer, und mir versichertest, du wolltest mir ein Probestück davon geben, und mich nun täuschst, und weit davon entfernt bist, mir ein Probestück zu geben, indem du nicht einmal sagen willst, was das alles ist, worin deine Stärke liegt, obwohl ich schon so lange beharrlich darauf bestehe. Vielmehr nimmst du geradezu wie Proteus vielfältige Gestalten an und windest dich nach oben und unten, bis du schließlich, mir gerade entronnen, als Feldherr wieder vor mir stehst, nur damit du mir kein Probestück davon abzulegen brauchst, wie stark du im Wissen über Homer bist. Wenn du nun als ein Fachkenner, wie ich eben schon sagte, erst mir versprichst über Homer ein Probestück zu geben und mich hinterher täuschst, so tust du Unrecht, wenn du aber kein Fachkenner bist, sondern kraft einer göttlichen Gabe und besessen von Homer, ohne etwas zu wissen, vieles Schöne über den Dichter sagst, so wie ich von dir behauptet habe, tust du kein Unrecht. Wähle also, ob du bei uns gelten willst als ein ungerechter Mann oder als ein göttlicher.

Ion: Das ist ein großer Unterschied, Sokrates. Denn es ist viel schöner, als göttlicher zu gelten.

Sokrates: Dies Schönere also wird dir zuteil bei uns, Ion, zu sein ein göttlicher und nicht fachkundiger Homerverherrlicher.

GOETHE

PLATO ALS MITGENOSSE EINER CHRISTLICHEN
OFFENBAHRUNG (1796)

Niemand glaubt genug von dem ewigen Urheber erhalten zu
haben, wenn er gestehen müßte, daß für alle seine Brüder eben
so wie für ihn gesorgt wäre; ein besonderes Buch, ein beson-
derer Prophet hat ihm vorzüglich den Lebensweg vorgezeich-
net und auf diesem allein sollen alle zum Heil gelangen.

Wie sehr verwundert waren daher zu jeden Zeiten alle die,welche
sich einer ausschließenden Lehre ergeben hatten, wenn sie auch
außer ihrem Kreise vernünftige und gute Menschen fanden,
denen es angelegen war, ihre moralische Natur auf das voll-
kommenste auszubilden! Was blieb ihnen daher übrig, als
auch diesen eine Offenbarung und gewissermaßen eine specielle
Offenbarung zuzugestehen!

Doch es sei! Diese Meinung wird immer bei denen bestehen,
die sich gern Vorrechte wünschen und zuschreiben, denen der
Blick über Gottes große Welt, die Erkenntniß seiner allgemeinen ununterbrochenen und nicht zu unterbrechenden Wirkungen nicht behagt, die vielmehr um ihres lieben Ichs, ihrer
Kirche und Schule willen Privilegien, Ausnahmen und Wunder
für ganz natürlich halten.

So ist denn auch Plato früher schon zu der Ehre eines Mit-
genossen einer christlichen Offenbarung gelangt, und so wird
er uns auch hier wieder dargestellt.

Wie nöthig bei einem solchen Schriftsteller, der bei seinen
großen Verdiensten den Vorwurf sophistischer und theurgi-
scher Kunstgriffe wohl schwerlich von sich ablehnen könnte,
eine kritische deutliche Darstellung der Umstände unter wel-

chen er geschrieben, der Motive aus welchen er geschrieben, sein möchte, das Bedürfniß fühlt ein jeder, der ihn lies't, nicht um sich dunkel aus ihm zu erbauen – das leisten viel geringere Schriftsteller –, sondern um einen vortrefflichen Mann in seiner Individualität kennen zu lernen; denn nicht der Schein desjenigen was andere sein konnten, sondern die Erkenntniß dessen was sie waren und sind, bildet uns.

Welchen Dank würde der Übersetzer bei uns verdient haben, wenn er zu seinen unterrichtenden Noten uns auch noch wie Wieland zum Horaz die wahrscheinliche Lage des alten Schriftstellers, den Inhalt und den Zweck jedes einzelnen Werkes selbst kürzlich vorgelegt hätte!

Denn wie kommt z. B. Jon dazu, als ein canonisches Buch mit aufgeführt zu werden, da dieser kleine Dialog nichts als eine Persiflage ist? Wahrscheinlicher weil am Ende von göttlicher Eingebung die Rede ist! Leider spricht aber Sokrates hier, wie an mehreren Orten, nur ironisch.

Durch jede philosophische Schrift geht, und wenn es auch noch so wenig sichtbar würde, ein gewisser polemischer Faden; wer philosophiert, ist mit den Vorstellungsarten seiner Vor- und Mitwelt uneins, und so sind die Gespräche des Plato oft nicht allein auf etwas, sondern auch gegen etwas gerichtet. Und eben dieses doppelte Etwas mehr, als vielleicht bisher geschehen, zu entwickeln und dem deutschen Leser bequem vorzulegen, würde ein unschätzbares Verdienst des Übersetzers sein.

Man erlaube uns, noch einige Worte über Jon in diesem Sinne hinzuzufügen.

Die Maske des Platonischen Sokrates, denn so darf man jene phantastische Figur wohl nennen, welche Sokrates so wenig als die Aristophanische für sein Ebenbild erkannte, begegnet einem Rhapsoden, einem Vorleser, einem Declamator, der berühmt war wegen seines Vortrags der Homerischen Gedichte und der so eben den Preis davon getragen hat und bald einen andern davon zu tragen gedenkt. Diesen Jon gibt uns Plato als einen äußerst beschränkten Menschen, als einen, der zwar die Homerischen Gedichte mit Emphase vorzutragen und seine

Zuhörer zu rühren versteht, der es auch wagt, über den Homer zu reden, aber wahrscheinlich mehr, um die darin vorkommenden Stellen zu erläutern als zu erklären, mehr, bei dieser Gelegenheit etwas zu sagen, als durch seine Auslegung die Zuhörer dem Geist des Dichters näher zu bringen. Denn was mußte das für ein Mensch sein, der aufrichtig gesteht, daß er einschlafe, wenn die Gedichte anderer Poeten vorgelesen oder erklärt würden! Man sieht, ein solcher Mensch kann nur durch Tradition oder durch Übung zu seinem Talente gekommen sein. Wahrscheinlich begünstigte ihn eine gute Gestalt, ein glückliches Organ, ein Herz, fähig gerührt zu werden; aber bei alledem blieb er ein Naturalist, ein bloßer Empiriker, der weder über seine Kunst noch über die Kunstwerke gedacht hatte, sondern sich in einem engen Kreise mechanisch herumdrehte und sich dennoch für einen Künstler hielt und wahrscheinlich von ganz Griechenland für einen großen Künstler gehalten wurde. Einen solchen Tropf nimmt der Platonische Sokrates vor, um ihn zu Schanden zu machen. Erst gibt er ihm seine Beschränktheit zu fühlen, dann läßt er ihn merken, daß er von dem Homerischen Detail wenig verstehe, und nöthigt ihn, da der arme Teufel sich nicht mehr zu helfen weiß, sich für einen Mann zu erkennen, der durch unmittelbare göttliche Eingebung begeistert wird.

Wenn das heiliger Boden ist, so möchte die Aristophanische Bühne auch ein geweihter Platz sein. So wenig der Maske des Sokrates Ernst ist, den Jon zu bekehren, so wenig ist es des Verfassers Absicht, den Leser zu belehren. Der berühmte, bewunderte, gekrönte, bezahlte Jon sollte in seiner ganzen Blöße dargestellt werden, und der Titel müßte heißen: Jon oder der beschämte Rhapsode; denn mit der Poesie hat das ganze Gespräch nichts zu thun.

Überhaupt fällt in diesem Gespräch, wie in andern Platonischen, die unglaubliche Dummheit einiger Personen auf, damit nur Sokrates von seiner Seite recht weise sein könne. Hätte Jon nur einen Schimmer Kenntniß der Poesie gehabt, so würde er auf die alberne Frage des Sokrates: wer den Homer, wenn

er von Wagenlenken spricht besser verstehe, der Wagenführer oder der Rhapsode? keck geantwortet haben: gewiß der Rhapsode: denn der Wagenlenker weiß nur, ob Homer richtig spricht; der einsichtsvolle Rhapsode weiß, ob er gehörig spricht, ob er als Dichter, nicht als Beschreiber eines Wettlaufs, seine Pflicht erfüllt. Zur Beurtheilung des epischen Dichters gehört nur Anschauen und Gefühl und nicht eigentlich Kenntniß, obgleich auch ein freier Blick über die Welt und alles was sie betrifft. Was braucht man, wenn man einen nicht mystificiren will, hier zu einer göttlichen Eingebung seine Zuflucht zu nehmen? Wir haben in Künsten mehr Fälle, wo nicht einmal der Schuster von der Sohle urtheilen darf, denn der Künstler findet für nöthig, subordinirte Theile höhern Zwecken völlig aufzuopfern. So habe ich selbst in meinem Leben mehr als Einen Wagenlenker alte Gemmen tadeln hören, worauf die Pferde ohne Geschirr dennoch den Wagen ziehen sollten. Freilich hat der Wagenlenker Recht, weil er das ganz unnatürlich fand; aber der Künstler hatte auch Recht, die schöne Form seines Pferdekörpers nicht durch einen unglücklichen Faden zu unterbrechen. Diese Fictionen, diese Hieroglyphen, deren jede Kunst bedarf, werden so übel von allen denen verstanden, welche alles Wahre natürlich haben wollen und dadurch die Kunst aus ihrer Sphäre reißen. Dergleichen hypothetische Äußerungen alter und berühmter Schriftsteller, die am Platz wo sie stehen zweckmäßig sein mögen, ohne Bemerkung, wie relativ falsch sie werden können, sollte man nicht wieder ohne Zurechtweisung abdrucken lassen, so wenig als die falsche Lehre von Inspirationen.

Daß einem Menschen, der eben kein dichterisches Genie hat, einmal ein artiges, lobenswerthes Gedicht gelingt, diese Erfahrung wiederholt sich oft, und es zeigt sich darin nur, was lebhafter Antheil, gute Laune und Leidenschaft hervorbringen kann. Man gesteht dem Haß zu, daß er das Genie supplire, und man kann es von allen Leidenschaften sagen, die uns zur Thätigkeit auffordern. Selbst der anerkannte Dichter ist nur in Momenten fähig, sein Talent im höchsten Grade zu zeigen,

und es läßt sich dieser Wirkung des menschlichen Geistes psychologisch nachkommen, ohne daß man nöthig hätte, zu Wundern und seltsamen Wirkungen seine Zuflucht zu nehmen, wenn man Geduld genug besäße, den natürlichen Phänomenen zu folgen, deren Kenntniß uns die Wissenschaft anbietet, über die es freilich bequemer ist vornehm hinweg zu sehen, als das was sie leistet mit Einsicht und Billigkeit zu schätzen.

Sonderbar ist es in dem Platonischen Gespräch, daß Jon, nachdem er seine Unwissenheit in mehreren Künsten, im Wahrsagen, Wagenfahren, in der Arzneikunde und Fischerei bekannt hat, zuletzt doch behauptet, daß er sich zum Feldherrn besonders qualificirt fühle. Wahrscheinlich war dieß ein individuelles Steckenpferd dieses talentreichen, aber albernen Individui, eine Grille, die ihn bei seinem innigen Umgang mit Homerischen Helden angewandelt sein mochte und die seinen Zuhörern nicht unbekannt war. Und haben wir diese und ähnliche Grillen nicht an Männern bemerkt, welche sonst verständiger sind als Jon sich hier zeigt? Ja wer verbirgt wohl zu unsern Zeiten die gute Meinung, die er von sich hegt, daß er zum Regimente nicht der Unfähigste sei?

Mit wahrer Aristophanischer Bosheit verspart Plato diesen letzten Schlag für seinen armen Sünder, der nun freilich sehr betäubt dasteht und zuletzt, da ihm Sokrates die Wahl zwischen dem Prädicate eines Schurken oder göttlichen Mannes läßt, natürlicherweise nach dem letzten greift und sich auf eine sehr verblüffte Art höflich bedankt, daß man ihn zum Besten haben wollen. Wahrhaftig, wenn das heiliges Land ist, möchte das Aristophanische Theater auch für einen geweihten Boden gelten.

Gewiß, wer uns auseinandersetzte, was Männer wie Plato im Ernst, Scherz und Halbscherz, was sie aus Überzeugung oder nur discursive gesagt haben, würde uns einen außerordentlichen Dienst erzeigen und zu unserer Bildung unendlich viel beitragen; denn die Zeit ist vorbei, da die Sybillen unter der Erde weissagten; wir fordern Kritik und wollen urtheilen, ehe wir etwas annehmen und auf uns anwenden. (CWA I 41,2, 169–176)

NACHWORT

I.

Der Ion ist einer der interessantesten und seltsamsten Dialoge Platons. Interessant ist zunächst sein Thema: ein Rhapsode, der die Dichtung Homers nicht nur vorträgt, sondern auch auslegt, wird von Sokrates nach Umfang und Inhalt seines Wissens befragt. Dichterinterpretation und dahinter die Dichtung selbst kommen in den Blick und werden zum Gegenstand der prüfenden Fragen des Sokrates. Das Verhältnis von Dichtung und Philosophie also, eines der zentralen Themen des platonischen Werkes, kommt in diesem Dialog zur Sprache. Zwei Begriffe stehen sich dabei gegenüber: Wissen und göttliche Begeisterung. Vom Gedanken der göttlichen Begeisterung her wird das Schaffen des Dichters gedeutet, im Bilde dargestellt durch das glänzende Magnetgleichnis, wobei diese Deutung der Dichtung ein Stück frühe Poetik repräsentiert, beeinflußt durch sophistische Kunsttheorien und vorausweisend auf die aristotelische Poetik.

Daher ist der Ion auch für den Leser interessant, der nach einer allgemeinen Theorie der Dichtung fragt und diesen Dialog zunächst nicht im Zusammenhang mit dem übrigen platonischen Werk sieht. Aber seine Erwartungen werden auf eine seltsame Weise enttäuscht. Denn der Gedanke von der göttlichen Ergriffenheit des Dichters wird in einem Gespräch entwickelt, dessen Verlauf im ganzen zunächst befremden muß. Auffallend ist vor allem, wie einseitig die Frage nach dem Wissen des Rhapsoden immer nur gestellt wird in Bezug auf die Gegenstände, die in der Dichtung behandelt werden. Wenn Homer z.B. vom Wagenlenker, Zimmermann usw. spricht, so wird das Verständnis des Rhapsoden gemessen an dem Fachwissen des jeweils zuständigen Handwerkers. Hier wird offen-

kundig mit sachfremden Maßstäben gemessen, die auf die absurde Konsequenz hinauslaufen, der Rhapsode müßte zugleich das Wissen sämtlicher Berufe besitzen. Ein Versuch des Ion, aus dieser einseitigen Fragestellung herauszukommen (540 b), wird von Sokrates alsbald abgebogen. Dieser seltsame Verlauf des Gesprächs hat nun vielfach zu der Annahme geführt, es käme Platon in erster Linie darauf an, den Rhapsoden Ion zu blamieren, ihn als unglaublich dumm hinzustellen. Dieser Eindruck hat Goethe in seinem gegen Stolberg gerichteten Aufsatz „Plato als Mitgenosse einer christlichen Offenbarung" dazu bewogen, den Ion eine „offene Persiflage" zu nennen. Sieht man nun aber das eigentliche Ziel des Dialogs in einer Persiflage, in der es nur darauf ankommt, Ion zu blamieren, so folgt daraus, daß die Äußerungen über die göttliche Ergriffenheit des Dichterinterpreten und damit auch des Dichters nicht ernst zu nehmen sind, sondern nur ironisch gemeint sein können. Goethe hat mit dieser Auffassung im Grunde die meisten Argumente, die die Philologen des 19. und 20. Jahrhunderts zum Ion vorgebracht haben, schon vorweggenommen. Doch während Goethe seine Auffassung nur einfach hingestellt hatte und dem übrigen platonischen Werk in diesem Zusammenhang nicht nachgegangen war, zogen die Philologen weitergehende Konsequenzen, deren extremste darin besteht, den Ion für unecht zu erklären. Neben dem Eindruck angeblicher Mängel in der Gedankenführung im einzelnen sprach dafür vor allem die Überlegung, es sei doch ein zu großes Mißverhältnis von Aufwand und Ergebnis, wenn im Mittelteil des Dialogs so ausführlich von der göttlichen Ergriffenheit des Dichters die Rede sei, nur um den Interpreten der Dichtung, den Rhapsoden, zu treffen. Hier habe jemand, was auf den Dichter zutreffe, fälschlich auf den Rhapsoden übertragen. Andere haben die Autorschaft Platons nicht angetastet, den Ion aber angesehen als ein jugendliches Produkt scherzhafter Laune, eine Satire ohne ernste Kehrseite. Oder man ging von der Überlegung aus, die Rhapsoden seien zur Zeit Platons viel zu unbedeutend gewesen, als daß Platon mit ihnen sich aus-

einanderzusetzen für lohnend gehalten haben könnte. Also müsse der Rhapsode Ion bloße Maske für eine andere Person gewesen sein, die Platon eigentlich habe treffen wollen. In allen Fällen gleitet der Inhalt des Dialogs ins Unverbindliche. Wer zunächst glaubte, unmittelbar aus diesem Dialog allein Platons Meinung über Dichtung und Dichterinterpretation zu erfahren, sieht sich fürs erste enttäuscht.

2.

Das Verständnis des Ion erschließt sich erst, wenn alle Einzelheiten im Zusammenhang mit der Gedankenbewegung des ganzen Dialoges gesehen werden, die sich im sokratischen Gespräch entfaltet. Das sokratische Gespräch erscheint bei Platon zwar in vielerlei Formen, es ist von ihm aber doch nach ganz bestimmten Grundgesetzen gestaltet, die es zu erfassen gilt[1]). Zunächst muß man die einst sehr verbreitete Vorstellung fernhalten, Platon habe in seinen frühen Dialogen ein bloßes Porträt des Sokrates geben wollen und seine frühen Dialoge seien demgemäß Darstellungen wirklicher Gespräche, die Sokrates tatsächlich in Athen gehalten habe. Legt man die Maßstäbe eines wirklich gehaltenen oder historisch auch nur möglichen Gespräches an den Ion an, so ergeben sich die größten Schwierigkeiten, kann man sich doch nicht vorstellen, Ion hätte dem Sokrates wirklich so geantwortet, wie Platon es darstellt. Das sokratische Gespräch gibt sich bei Platon vielmehr als die Erörterung einer ganz bestimmten Sachfrage, die hinter der persönlichen Polemik als das eigentlich Wichtige erscheint. Es ist dies die Frage nach dem Wissen. Betrachten wir, wie diese Frage im Dialog entfaltet wird.

Nach einer kurzen Einleitung (530 a – b 4), die über die Szenerie aufklärt (der Rhapsode Ion kommt siegreich vom Asklepiosfest aus Epidauros zu den Panathenaeen), entwirft Platon, bevor die eigentlich sachlichen Fragen einsetzen, ein Bild vom Rhapsoden (530 b 5 – d 8), das deutlich in zwei Teile geglie-

---

[1] Vgl. H. Gundert, Ὁ Πλατωνικὸς διάλογος, in: Ἐπιστ. ἐπέτ. φιλ. Thessaloniki 1960, 191 ff.

dert ist: eine allgemeine Charakteristik des Rhapsodenstandes (530 b 5 – c 6) und die Anwendung dieser allgemeinen Charakteristik auf Ion (530 c 6 – d 8). Obwohl dabei Ion den Ausführungen des Sokrates zustimmt, verbirgt sich hinter der vordergründigen Gemeinsamkeit ein tiefer Gegensatz. Sokrates beneidet die Rhapsoden um ihr Wissen, kraft dessen der tüchtige Rhapsode die Aussage des Dichters verantwortlich auslegen kann. Dem Gedanken des Dichters, den zu erkennen Sokrates als Aufgabe des Rhapsoden betrachtet hatte, setzt Ion viele schöne Gedanken über Homer entgegen. Es kommt Ion also mehr auf seine eigenen Gedanken über Homer als auf das Erkennen des dichterischen Gedankens an. Für die Technik des sokratischen Gespräches bedeutet dieser einleitende Abschnitt, daß hier der Wissensanspruch des Rhapsoden zunächst nur registriert und in die platonisch-sokratische Begriffswelt transponiert wird. Platon geht dabei von dem sophistischen Wissensbegriff aus. Denn Ion tritt uns als ein durch und durch sophistischer Rhapsode entgegen. Dies zeigt sich vor allem in der Dichtererklärung. Ion beschränkt sich nämlich nicht darauf, nach Art der alten Rhapsoden Homer lediglich zu rezitieren, sondern er sieht die Auslegung Homers als einen wesentlichen Bestandteil seines Berufes an. Die sophistische Homerinterpretation, wie sie uns z.B. in Xenophons Symposion plastisch entgegentritt, besteht nun hauptsächlich in der seltsamen Auffassung, man könne aus Homer alles lernen, jede Art fachlichen Wissens für jedweden Beruf im einzelnen und alles, was zur menschlichen Tüchtigkeit (ἀρετή) im ganzen zu führen vermag. In Verbindung damit steht die sophistische Anschauung, die alten Dichter seien selbst verkappte Sophisten gewesen, nur hätten sie ihre Lehre in die Form des Mythos gehüllt. Dieser sophistische Wissensanspruch bestimmt aber nun den Weg der Untersuchung in Platons Dialog Ion. Denn wie sehr wir es als unangemessen empfinden, wenn der Rhapsode nach dem fachlichen Wissen des Arztes, Steuermanns usw. befragt wird, so ist doch dieses Verfahren nur die konsequente Folgerung aus eben jener sophistischen Dichterauffassung. Daß dabei zunächst der

Anspruch des Gesprächspartners von Sokrates ganz ernst genommen wird, bevor die Elenxis, jenes prüfende Fragen des Sokrates, einsetzt, gehört zur festen Technik des sokratischen Gesprächs bei Platon. Das geschieht hier in der einleitenden Charakterisierung des Rhapsoden, die die Ansatzpunkte für die folgende Elenxis enthält. Sie beginnt an einem scheinbar nebensächlichen Punkt und hat in einem ersten Teil (530 d 9 – 533 c 8) die Frage nach dem Umfang des Wissens, das dem Rhapsoden zukommt, zum Gegenstand. Wie stets im platonischen Gespräch wird auch hier von der Annahme aus diskutiert, der Gesprächspartner des Sokrates sei im Besitze des von ihm beanspruchten Wissens, das so lange zugestanden wird, bis sich Widersprüche ergeben, die so zusammengeordnet werden, daß am Schluß unschwer gefolgert werden kann, der Gesprächspartner wisse nichts von dem, was er zu wissen anfangs geglaubt hatte. So steht auch hier am Ende des Beweisganges die Folgerung, die Homererklärungen Ions beruhten nicht auf Fachwissen, eine Folgerung, der Ion nicht widersprechen zu können gesteht (533 c 4). Ebenso ist es für den Gang des platonischen Gespräches besonders charakteristisch, daß Ion in dem Augenblick, in dem er in die Aporie einzutreten beginnt, den Sinn der sokratischen Elenxis mißverstehend, nun eine positive Belehrung von Sokrates erwartet (532 d), der doch seinen Gesprächspartnern stets nur in den Zustand zu versetzen in der Lage ist, in dem er selbst sich schon immer befindet, nämlich lediglich ein Wissen vom eigenen Nichtwissen zu vermitteln, womit sich nach der Überzeugung Platons eine Hinwendung zu wirklichem Lernen und reiner Erkenntnis überhaupt erst ergeben kann [2]). Ist somit der erste Teil des Gespräches destruktiv, insofern der sophistische, auf die Dichtung bezogene Wissensbegriff in der elenktischen Prüfung als Scheinbegriff erwiesen wird, so formt sich doch in diesen prüfenden Fragen ein wirklicher Wissensbegriff, das „technische" Wissen, das Fachwissen (τέχνη). Es ist dasjenige Wissen, mit

---

[2] Vgl. darüber die grundlegende Arbeit von K. Gaiser, Protreptik und Paränese bei Platon, Tübinger Beitr. z. Altertumswissensch. 40, 1959.

dem ein Fachmann in sicherem Verfügen den ganzen Bereich seines Faches zu erfassen vermag, das aber jeweils nur auf ein bestimmtes Fach eingeschränkt ist und in seiner Beschränkung als einzelnes nicht ausreicht, den Bereich der Dichtung, die alles zum Gegenstand hat, zu erfassen. Das aber bedeutet, daß nicht nur die Homererklärungen Ions kein Fachwissen darstellen, sondern daß überhaupt die ‚Rhapsodenkunst‘ im strengen Sinne nicht auf einem so verstandenen Fachwissen beruhen kann. Der Begriff ῥαψῳδικὴ τέχνη ist also, streng genommen, paradox. An dieser Paradoxie wird aber demonstrandi causa festgehalten, weil nur so der Nachweis gelingt, daß Ion das beanspruchte Wissen über die Gegenstände der Dichtung nicht hat. Bei dem Operieren mit einem derartigen Wissensbegriff handelt es sich also nicht um Forderungen, sondern um Folgerungen. Schon jetzt wird deutlich, daß es in diesem Dialog einerseits um die Bekämpfung des durch Ion repräsentierten sophistischen Rhapsodentums geht, vermochte doch der Rhapsode noch zu Platons Zeit eine breite Wirksamkeit zu entfalten (vgl. 535 d), daß aber darüber hinaus ganz prinzipiell von den Möglichkeiten des Wissens, von der Abgrenzung des Bereiches der Dichtung gegen das technische Fachwissen gehandelt ist.

Der Mittelteil des Dialoges (533 c 9 – 536 d 8) zeigt, daß über den Rhapsoden hinaus auch die Dichtung selbst unmittelbar in den Blick kommt. Denn was hier über das Schaffen in göttlicher Begeisterung gesagt wird, gilt in erster Linie für den Dichter. Sicher bestünde hier ein Mißverhältnis zwischen Aufwand und Ergebnis, wenn es nur um den Rhapsoden Ion ginge. Angeknüpft ist dieser Mittelteil im Gespräch freilich an das Verhalten des Ion in einer Weise, die wiederum ganz bezeichnend für die Form der sokratischen Elenxis ist, in der ja stets von der Basis aus argumentiert wird, der Gesprächspartner sei im Besitze seines Anspruches. Nachdem sich nun herausgestellt hat, daß die Homerauslegungen Ions nicht auf Fachwissen beruhen, ihr Wert als solcher aber nicht bestritten worden ist, gibt es nur eine Möglichkeit: Kann Ion wirklich gut über

Homer reden (εὖ λέγειν, 533 c 6, d 2), nicht aber auf Grund von Fachwissen, so muß es im Zustande göttlicher Begeisterung geschehen. Damit ist weder gesagt, daß Ion in seiner Homer-erklärung nach der Meinung Platons sich wirklich im Zustande der Begeisterung befindet, noch ist der Begriff Enthusiasmus als solcher dadurch abgewertet. Vielmehr wird, wie bereits im ersten Teil, unter bestimmten Voraussetzungen rein hypothe-tisch eine Konsequenz verfolgt. Daß diese Voraussetzung, Ion rede gut über Homer, die im ganzen Dialog nicht zum Gegen-stand der Prüfung gemacht wird, nicht zutrifft, spürt man schon hier – wie suspekt ist in den Augen Platons die Berufung auf das Urteil der Menge (533 c 6) – und es wird gegen Ende immer deutlicher. Darin, daß diese Veraussetzung offen von Platon nicht aufgedeckt wird, steckt ein gutes Stück Ironie in diesem Dialog. Durch die hypothetische Einordnung Ions in den Kreis der göttlich Ergriffenen kann aber Platon, ohne die Einheitlichkeit des Gesprächsganges zu gefährden, die Dich-tung selbst in die Erörterung einbeziehen und dabei zeigt sich, daß er durch die Einführung des Rhapsoden als Gesprächs-partner des Sokrates zweierlei erreicht hat: zunächst kann ja überhaupt nur durch den Rhapsoden als Interpreten der Dich-tung die Problematik dieses Dialogs grundsätzlich an der dichterischen Autorität schlechthin, an Homer, exemplifiziert werden, während die Gegenüberstellung des Sokrates mit einem zeitgenössischen Dichter, wie sie offenbar in der Apolo-gie impliziert wird, etwas Zufälliges an sich gehabt hätte, zum andern aber kann durch Einführung des Rhapsoden, der Ho-mer auslegt, Platons Stellung zur Dichtung in ihrem Doppel-aspekt ‚Dichterwissen‘ und (sophistische) ‚Dichterauslegung‘ erst voll entfaltet werden. Im Mittelteil des Dialogs, der sich auch formal von den elenktischen Partien am Anfang und am Schluß deutlich abhebt, wird zunächst in einer zusammen-hängenden Rede das Schaffen des Dichters aus der Vorstellung von der göttlichen Begeisterung gedeutet. Ist damit zwar ge-sagt, daß auch die Dichter nach der Auffassung Platons im Nichtwissen stehen, so hat der Begriff Enthusiasmus als sol-

cher in seiner Anwendung auf den Dichter nichts ironisch Abwertendes an sich, versichert sich doch Sokrates in seinen Ausführungen der Übereinstimmung mit der dichterischen Aussage selbst (534 b). In kunstvoller Weise ist dieser Mittelteil in sich, wie der Dialog im ganzen, seinerseits wiederum in drei Teile geteilt: Nach der ersten Rede des Sokrates folgt ein kurzes Gespräch, in sich wiederum durch eine dreimalige Wechselrede ,Sokrates–Ion' gegliedert (535 a–e). Darin wird deutlich, wie sich auf dem Grunde des allgemeinen Gedankens von der göttlichen Begeisterung der Dichter, die sich auf deren Interpreten überträgt, das Verhalten des Ion abhebt, der eine enthusiastische Ergriffenheit für seine Person energisch in Abrede stellt. Das kommt besonders plastisch in dem Bekenntnis zum Ausdruck, Ion könne lachen (über den Kassenerfolg), wenn er durch seine Homerrezitationen – von den Homererklärungen ist in diesem Abschnitt bezeichnenderweise nicht die Rede – die Zuschauer zum Weinen gebracht hat, müsse aber weinen (über die finanzielle Einbuße), wenn die Zuschauer während seines Vortrages lachen. Seine Seele befindet sich also nicht in göttlicher Begeisterung bei den Ereignissen der Dichtung, sondern in sophistischer Gesinnung beim Geld, gleichsam ein blindes Glied in der Magnetkette. Freilich wird diese Folgerung nur angedeutet, da ja immer von der Voraussetzung aus diskutiert wird, Ion rede gut über Homer. Nur so kann Platon, losgelöst von der Person des Ion, allgemein den Gedanken vom Enthusiasmus des Dichters und seiner Interpreten entwickeln, wobei gerade in diesem Mittelteil manche Einzelheiten aus vorplatonischer Poetik aufgegriffen sind. Wenn dabei auch die Lehre von der göttlichen Begeisterung des Dichters vor Platon schon von Demokrit vertreten worden ist und in der Erwähnung der Affekte, von denen die Zuschauer betroffen sind, die gorgianische Kunsttheorie anklingt, so ist doch die Ausgestaltung des Bildes von der Magnetkette in vertikaler und horizontaler Richtung, wie sie in der zweiten Sokratesrede (535 e 7 – 536 d 7) entwickelt ist, ganz Platons Eigentum. Durch im Prinzip ähnliche Durchordnungen pflegt Platon

später – freilich schon vom Gorgias an – die Welt der Erscheinungen im ganzen zu strukturieren und die Vielheit einer Einheit zuzuordnen[3]. Hier im Ion geschieht dies mit Hilfe des Bildes von der Magnetkette, dem alle Einzelvorstellungen untergeordnet sind und das geradezu die Stelle eines Mythos vertritt. Damit ist auch motiviert, warum der platonische Sokrates hier nicht prüfend fragt, sondern zusammenhängend darstellt. Platon geht hier sicher weit über die Position des historischen Sokrates hinaus. Man sieht auch hieran, wie problematisch selbst für die frühesten Dialoge die Annahme einer spezifisch ‚sokratischen Periode‘ in der Dialogschriftstellerei Platons ist.

Im dritten und letzten Teil des Dialoges (536 d8 – 542 b4) wird die Elenxis des Sokrates aus dem ersten Teil fortgesetzt. Wie im ersten Teil geht die Diskussion wieder vom Wissen des Rhapsoden aus, denn Ion, der zwar durch die Darlegungen des Sokrates über den Enthusiasmus des Dichters überzeugt ist, sträubt sich doch, diese allgemeinen Gedanken auf sich anzuwenden und in den Kreis der vom Gott Ergriffenen eingeordnet zu werden, behauptet jedoch weiterhin, über Homer gut zu reden. Da der Umfang der Rhapsodenkunst schon im ersten Teil des Dialoges behandelt war, geht es jetzt um deren Inhalt. Wiederum steht am Ende des ganzen Beweisganges, daß der Rhapsode Ion seine Tätigkeit nicht auf Grund eines Wissens ausübt, wiederum erfahren wir Grundsätzliches über die Struktur jenes technischen Fachwissens. Der Nachweis gelingt im einzelnen dadurch, daß neben der Rhapsodenkunst gleichberechtigt aus dem Homertext zur Exemplifizierung einzelne „Fächer" aufgeführt werden, wobei sich zeigt, daß nur der jeweilige Fachmann über sein Fach ein festes Wissen hat und der Rhapsode, da er über kein von Homer erwähntes Fachwissen verfügt, auch bei keinem derartigen Fach beurteilen kann, ob Homer richtig oder falsch darüber spricht.

[3] Mit weitreichenden Konsequenzen ist dies für das ganze platonische Werk dargestellt bei H. J. Krämer, Arete bei Platon und Aristoteles, Abhandl. d. Heidelb. Akad. d. Wiss., phil.-hist. Kl. 1959, 6.

Man sieht, daß hier der Begriff der ῥαψῳδικὴ τέχνη vollends ad absurdum geführt wird, was freilich für das Verfahren der Elenxis besonders bezeichnend ist. Schrittweise wird ein Fachgebiet nach dem anderen aus dem Erkenntnisbereich der ῥαψῳδικὴ τέχνη ausgeschlossen, bis für diese nichts mehr übrigbleibt. Die Argumentation läuft deutlich darauf hinaus, daß nicht etwa nur Ion ein bestimmtes Fachwissen nicht besitzt, sondern daß es ganz prinzipiell ein rhapsodisches Fachwissen in dem hier diskutierten Sinne überhaupt nicht geben kann, daß das gesuchte Wissen also von anderer Art sein muß als ein beliebiges anderes Fachwissen. Es ist sehr seltsam und bei der Annahme, der Dialog Ion sei die literarische Gestaltung eines historisch echten Gespräches, geradezu unverständlich, daß der entscheidende, sachlich richtige Gedanke, der aus der Paradoxie einer als inhaltliches Fachwissen verstandenen Rhapsodenkunst herauszuführen vermag, von Ion in die Debatte geworfen wird. Es handelt sich um den Begriff des „Angemessenen" (540 b), der dem Ion einen Ausweg aus der elenktischen Prüfung des Sokrates eröffnen soll, der von Sokrates aber sofort auf den sachlichen Inhalt der Rede (nicht auf die dichterische Form) bezogen und damit wieder in den Bereich des technischen Fachwissens hineingeführt wird. Auch dieser Abschnitt, den man vielfach getadelt hat, läßt sich nur aus dem Zusammenhang des ganzen Gesprächsverlaufes verstehen. Platon läßt hier im Munde des Ion für einen Augenblick einen Aspekt sichtbar werden, von dem aus auf einer höheren, durch den Begriff „Fachwissen" nicht mehr erreichbaren Ebene das Wesen der Rhapsodenkunst wirklich gedeutet werden könnte. Tatsächlich führt von hier aus mit Hilfe des Begriffes Mimesis die Auseinandersetzung Platons mit der Dichtung vor allem im „Staat". Hier aber ordnet Platon diesen Gedanken alsbald der Frage nach dem sachbezogenen Wissen unter und trifft auch darin den Wissensanspruch des Ion. Die Frage nach dem Wesen der Rhapsodenkunst wird also in diesem Dialog gestellt, direkt aber nicht beantwortet. In den elenktischen Teilen des Dialoges wird streng ein aus der Gesprächssituation entstan-

dener Beweisgang – der nicht durch über ihn hinausweisende Gedanken gefährdet werden darf – durchgeführt. Das behandelte Phänomen wird also betont einseitig nur unter dem Gesichtspunkt diskutiert, der für die elenktische Prüfung maßgebend ist. Ganz ähnlich erklärt sich die als besonders drastisch empfundene Behauptung des Ion (Wilamowitz: „eine Farce"), der Rhapsode sei zugleich Feldherr (540 d ff.), in erster Linie aus dem logischen Interesse, das dem Beweisgang eine neue Seite abgewinnt, die hier freilich zu grotesken Folgerungen führt. Auch der Schluß des Dialoges, der zunächst ebenso befremdend wirken mag, läßt sich nur aus den Voraussetzungen des Gesprächsganges verstehen. Wenn Ion bei der seltsamen Alternative, als „ungerecht" (im Verstoßen gegen die logischen Gesetze der Elenxis) oder als „göttlich" (im Sinne der göttlichen Begeisterung) zu gelten, sich den schöner klingenden Namen „göttlich" aussucht – und damit seine Eitelkeit unter Beweis stellt –, so beruht die Zustimmung des Sokrates zu dieser Wahl auf der im ganzen Dialog ungeprüften Voraussetzung, Ion rede wirklich als bester über Homer. Geprüft wurde lediglich der Anspruch, auf Grund technischen Fachwissens über Homer zu reden. Während im allgemeinen die sokratische Elenxis in die vollständige Aporie führt und als letzte, vom Gesprächspartner selbst zu ziehende Folgerung das Geständnis des Nichtwissens erzwingt, bietet der Dialog Ion gleichsam nur einen Ausschnitt aus einer vollständigen Prüfung; denn Ion kommt ja nicht dazu, vor Sokrates eine Probe seines Könnens abzulegen (530 d4ff., 536 d, 542 a), die ihm zeigen würde, daß Ion in Wirklichkeit nicht von göttlicher Begeisterung getragen ist, wie er selbst voraussieht (536 d). Daß diese letzte Folgerung nicht gezogen, aber überall angedeutet wird, darin liegt die Ironie des Schlußabschnittes. Platon hält also diesen Rhapsoden in Wirklichkeit nicht für „göttlich", er ist in seiner sophistischen Eitelkeit von anderer Gesinnung als die göttlich ergriffenen Dichter und Dichterinterpreten, von denen im Mittelteil des Dialoges die Rede ist. Platons Kritik richtet sich daher im Ion mehr gegen die sophistische Dichter-

interpretation als gegen die Dichter selbst. Man muß also die ganze Gedankenbewegung des Dialoges mitvollziehen, um den Gehalt des Ion zu erkennen. Im Vordergrund und an der Oberfläche des Gespräches steht die Zurückweisung des Wissensanspruches, den der sophistische Rhapsode Ion geltend macht. Aber der Dialog gilt nicht ausschließlich der Person, nach der er heißt. Denn in jedem Falle geht es im sokratischen Gespräch primär nicht um den Gesprächsteilnehmer, sondern um das Fortschreiten des Logos, um eine Sache, die deutlich werden soll (vgl. Gorgias 453 c, Euthydem 307 bc). So läuft das äußere Ergebnis: der Rhapsode Ion kann nicht auf Grund von Fachwissen über Homer reden, auf die sachliche Klärung des in diesem Dialoge angewendeten Wissensbegriffes überhaupt hinaus, mit der Konsequenz, daß es überhaupt nicht möglich ist, über die Gegenstände der Dichtung ein technisches Fachwissen zu haben. Das führt zu einer Deutung des dichterischen Schaffens, in der der Begriff Enthusiasmus im Mittelpunkt steht. Die Stellung Platons zur Dichtung kommt hier zur Sprache, freilich nur von einer, durch den Gesprächsgang bedingten Seite her. Überhaupt wird im sokratischen Gespräch das angeschnittene Thema nie von allen Seiten her, gleichsam unter Würdigung aller Gesichtspunkte, behandelt, sondern in betonter Einseitigkeit wird eine Teilfrage herausgegriffen und diskutiert. Dieser Einseitigkeit, über die sich Platon selbst prinzipiell geäußert hat (Hippias Minor 369 bc), muß man sich bewußt sein, wenn man Platons Aussagen beurteilen will. Es ist dann unstatthaft zu bemängeln, daß Platon dieses und jenes vernachlässigt hat, oder sich zu überlegen, was wir wohl an Ions Stelle antworten würden. Denn was vor uns abläuft, ist nicht eine Art Diskussion, sondern ein Denkgeschehen. Wohl aber ist es sinnvoll zu fragen, in welcher Weise sich Platon in anderen Dialogen über die im Ion angeschnittenen Probleme geäußert hat.

3.

Der Ion gehört seiner ganzen Struktur nach zu den Frühdialo-

gen Platons. Das bestätigen auch die Anspielungen in diesem Dialog auf historische Ereignisse, soweit sie sich chronologisch auswerten lassen. Sie weisen mit einiger Wahrscheinlichkeit darauf, daß der Ion im Jahre 394 oder kurz danach abgefaßt ist. Nur kurz soll hier noch angedeutet werden, wie die Thematik des Ion einerseits in den Dialogen der gleichen Periode anklingt und andererseits in den späteren Dialogen weiter entfaltet ist.

Als Ganzes steht dem Ion an Inhalt und Form zweifellos am nächsten der Dialog Hippias Minor, den wir uns etwa gleichzeitig mit dem Ion entstanden denken müssen. Kompositorisch schließt er in gewisser Weise an den Ion an; denn zu Beginn dieses Dialoges hat der Sophist Hippias einen Vortrag über Homer gehalten und damit diejenige Probe seines Könnens abgelegt, zu der Ion nicht gekommen war. Das im Hippias Minor sich daran anschließende Gespräch behandelt eine Frage, die sich aus der Dichtung Homers ergibt (ob Achill besser ist als Odysseus oder umgekehrt). Beantwortet wird diese Frage mit dem Argument, das auch im Ion im Mittelpunkt steht, daß nämlich innerhalb eines Sachgebietes ein und derselbe der fachkundige Beurteiler über gut und schlecht ist. Entsprechend ist auch die Form beider Dialoge ganz analog gestaltet. Jeweils zu Beginn steht die Wissensanmaßung des Gesprächspartners des Sokrates, im Verlaufe des Gespräches werden sowohl im Ion als im Hippias Minor je fünf Homerstellen zitiert, von denen jeweils die erste durch Ion bzw. Hippias und die weiteren durch Sokrates eingeführt werden. Der Gedankengang im ganzen ist in beiden Dialogen so gestaltet, daß es sich um eine einfache und geradlinige Elenxis handelt, die durch eine Sokratesrede in der Mitte durchbrochen wird.

Darüber hinaus finden wir das Thema des Ion in anderen Frühdialogen angeschlagen, die als ganzes auf ein anderes Ziel hin orientiert sind. Die Apologie, wohl kaum die früheste Schrift Platons[4]), enthält den Hauptgedanken des Ion stark zusam-

---

[4] Vgl. zu dieser Schrift im Ganzen Th. Meyer, Platons Apologie, Tübinger Beitr. z. Altertumswissensch. 42, 1962.

mengefaßt an der Stelle, an der Platon den Sokrates berichten läßt, daß die Dichter nicht auf Grund eines Wissens, sondern vermöge einer Naturanlage und in göttlicher Begeisterung dichten (22 bc). Im gleichen Zusammenhang ist auch von der Wissensanmaßung der Dichter die Rede – diese kann also mit der göttlichen Begeisterung Hand in Hand gehen –, während im Ion der unberechtigte Wissensanspruch nur am Dichterinterpreten gezeigt wird. Entsprechend klingt das Problem der Dichtererklärung, das im Ion im Vordergrund steht, in der Apologie nur am Rande in den Worten an, es könnten fast alle Anwesenden über die Dichtungen besser reden als die Dichter selbst. Auch hier ist auf den Dichter selbst bezogen, was im Ion an der Rhapsodenkunst gezeigt wurde. Dagegen steht das Problem der Dichterauslegung im Vordergrund im zweiten Teil des Dialoges Protagoras, wo die Erklärung eines Gedichtes von Simonides im einzelnen vorgeführt wird (338 e bis 347 b) [5]. Es war die Forderung der Sophisten, sich auf die Dichterauslegung zu verstehen, die ihnen als wichtigster Teil der Erziehung galt (338 e) und in der sie die Fähigkeit erstrebten, „ein Wissen davon zu haben, was richtig gedichtet ist und was nicht" (339 a2). Darin liegt ja auch der Anspruch des Ion, und man sieht an dieser Partie des Protagoras, wie sophistische Dichterauffassung und platonische Kritik zusammengehören.

In welcher Weise die Thematik des Ion in den späteren Dialogen Platons weitergeführt ist, kann hier nur angedeutet werden. Denn die Stellung Platons zur Dichtung darzustellen, hieße fast das ganze platonische Werk ausführlich zu interpretieren. Hier begnügen wir uns mit dem Hinweis, daß Platon die Dichtung auch noch auf eine ganz andere Weise charakterisiert hat als durch den Begriff „Enthusiasmus". Wir meinen das vieldiskutierte Problem der sogenannten „Dichterkritik" Platons, wonach Platon die Dichter als „Nachahmer von Nachahmungen" aus seinem Staat verbannt (Staat, Buch 10).

---

[5] Vgl. H. Gundert, Die Simonidesinterpretation in Platons Protagoras, in: Hermeneia, Festschr. M. Pohlenz, Heidelberg 1952, 71 ff.

Diese Auseinandersetzung mit der Dichtung, im einzelnen nur im Zusammenhang des platonischen „Staates" zu verstehen, darf nun aber nicht im Gegensatz zur Deutung des dichterischen Wirkens aus dem Gedanken der göttlichen Begeisterung gesehen werden; denn sie knüpft deutlich gerade an Motive aus dem Ion an, wie mehrfache wörtliche Übereinstimmungen beweisen. Die Dichtung, auf die Platon im Ion den Begriff Enthusiasmus anwendet, ist also die gleiche, die er im Staat zum Gegenstand der Kritik macht. Nur ist auffälligerweise im Staat, und übrigens auch im Gorgias und im zweiten Buch der Gesetze, d. h. immer da, wo Platon kritisch sein muß, mit keinem Wort vom Enthusiasmus des Dichters die Rede, die Dichtung erscheint hier nur in ihrem menschlichen Gesicht, wird auf ihr menschliches Anliegen hin geprüft. Nur in der abbildenden Spiegelung, so heißt es im 10. Buch des Staates, können die Dichter (wie die Maler) ihre Gegenstände herstellen. Platons Kritik richtet sich nun darauf, daß bei der Darstellung der Dinge durch den Dichter in der Spiegelung die Möglichkeit der Täuschung gegeben ist, wenn die abgespiegelten Dinge als die wahren ausgegeben, Schein und Sein also verwechselt werden. Diese Seite in Platons Stellung zur Dichtung ersetzt nicht etwa, sondern ergänzt die Deutung der Dichtung, die von dem Begriff Enthusiasmus getragen ist, wie sie im Ion dargestellt wird.

Das ergibt sich schon daraus, daß der Begriff Enthusiasmus in seinem Anwendungsbereich im späteren Werk Platons vertieft und stark erweitert wird. Gegen Schluß des Dialoges Menon wird nämlich seltsamerweise auch das Wirken des Politikers aus dem Enthusiasmus gedeutet. Verständlich ist dieser Gedanke nur als Übertragung der Praedikate, die Platon im Ion auf den Dichter angewendet hatte. Tatsächlich entwickelt Platon den Enthusiasmus der Politiker aus dem der Orakelsprecher, Seher und Dichter (99 d). Ausgangspunkt ist ihm dabei die Erfahrung, daß ein richtiges Handeln auch auf Grund bloßer Meinung in den höchsten Dingen getroffen werden kann, freilich ohne die Möglichkeit zur Rechenschaftsablage,

die allein ein sicheres Wissen zu verbürgen vermag. Ganz prinzipiell heißt es darüber: „Ist es nicht berechtigt, diejenigen Männer göttlich zu nennen, die ohne Einsicht vieles Große richtig vollbringen von dem, was sie tun und reden?" (99 d). Aus dieser Paradoxie – auf der einen Seite Nichtwissen, auf der anderen Seite das Vollbringen schöner Werke – entspringt Platons Konzeption von Enthusiasmus, wobei im Menon der Begriff der „richtigen Meinung" dem Ion gegenüber neu hinzutritt [6]). Noch seltsamer und zunächst rätselhaft muß es anmuten, wenn im Phaidros, in dem die Forschung immer mehr einen der spätesten Dialoge Platons erkennt, auch das Wirken des Philosophen mit dem Begriff Enthusiasmus in Verbindung gebracht wird. Doch während die übrigen Formen der göttlichen Begeisterung eine Hingabe an eine inspirierende göttliche Macht in Selbstvergessenheit bedeutet, bezeichnet die „Ekstase" des Philosophen ein „Heraustreten aus den menschlichen Bestrebungen" (Phaedr. 249 c) in höchster Wachheit, im „Wiedererinnern" an das, woraus die Seele eigentlich lebt, an das Göttliche. Wir gehen dieser Deutung hier nicht weiter nach, sondern bemerken nur, daß auch der Gedanke vom Enthusiasmus des Dichters im Phaidros eine wesentliche Vertiefung erfährt und geradezu in ein ganzes System verschiedener Formen von „Wahnsinn" eingeordnet wird [7]). Über den Dichter heißt es darin 245 a: „Wer ohne den Wahnsinn der Musen zu den Vorhallen der Dichtkunst gelangt, überzeugt, er könne auf Grund von Fachwissen allein ein fähiger Dichter werden, der ist ungeweiht und seine Dichtung, die eines Besonnenen, wird von der des Wahnsinnigen verdunkelt."

Man sieht, wie der Gedanke von der göttlichen Begeisterung des Dichters ein Motiv ist, das sich von den frühesten bis zu den spätesten Dialogen durch das ganze platonische Werk verfolgen läßt. Wenn Platon in seinem letzten Werk, den Gesetzen, die göttliche Inspiration des Dichters einen „alten My-

---

[6] Vgl. dazu J. Sprute, Der Begriff der δόξα in der platonischen Philosophie, Hypomnemata 2, 1962.

[7] Vgl. dazu J. Pieper, Begeisterung und göttlicher Wahnsinn, über den platonischen Dialog Phaidros, München 1962.

thos'' bezeichnet, „von ihm selbst stets ausgesprochen und von allen anderen geglaubt" (719 c), so gibt er selbst einen Hinweis auf die Kontinuität dieser Deutung und blickt gleichsam zurück auf den Dialog, in dem er zuerst den Gedanken des dichterischen Enthusiasmus in fast mythischer Form entwickelt hatte, auf den Ion. Der Ausdruck „alter Mythos" weist aber weiter zurück auf die Aussagen der Dichter selber. Schon Homer stellt sein eigenes Nichtwissen dem vollständigen Wissen der Musen gegenüber (Ilias 2, 484 ff.), Hesiod schildert am Beginn der Theogonie seine Berufung zum Dichter durch die Musen, die ihm eingeben, was er zu künden hat. Mögen Musenanrufungen auch schon lange in der epischen Tradition zu stereotypen Formeln geworden sein, Platon greift auf den Ursprung dieser Vorstellung zurück, mit der er freilich über die Selbstaussagen der Dichter hinausgehend, die Formen der dionysischen Besessenheit verbindet. Wenn er damit im Ion den Grund für eine Theorie des Genialen gelegt hat, so enthält doch dieser Dialog nicht in erster Linie eine Kunsttheorie, die man aus ihrem Zusammenhang herauslösen könnte, sondern die Bewegung eines Denkens, die sich erst aus dem Ganzen der platonischen Philosophie erschließt.

ANHANG

Zur Textgestaltung

Eine Platonausgabe, in der das gesamte handschriftliche Material verwertet wäre, existiert z. Zt. nicht. Es gibt insgesamt über 250 Platonhandschriften, von denen ein großer Teil jedoch nur einzelne Dialoge enthält und überdies aus recht später Zeit stammt. Der Ion ist in über 20 Handschriften enthalten, von denen bisher nur 12 kollationiert und nur 5 in den gebräuchlichsten Ausgaben aufgeführt sind. Da aber der Text im wesentlichen gesichert ist, beschränken wir uns auch hier auf die wichtigsten Handschriften, wobei bemerkt sei, daß die Angaben über den Vindobonensis W in der vielbenutzten Oxfordausgabe von Burnet sehr fehlerhaft sind (im kritischen Apparat zum Text des Ion allein 18 Fehler). Daher wird die Neukollation dieser Handschrift, die R. Till im Platonarchiv in Hinterzarten vorgenommen hat, im Folgenden verwertet. Zuverlässiger ist die Ausgabe von L. Méridier (Collection Budé, Paris ³1956), der für den Ion die Handschriften T, W und F neu kollationiert hat.

Die wichtigsten Handschriften sind folgende:

T = codex Venetus, append. class. 4, 1 in der Biblioteca di San Marco, Venedig, XI.–XII. Jahrh.

W = codex Vindobonensis, suppl. phil. Gr. 7 (vormals 54), in der Wiener Nationalbibliothek. XII. Jahrh.

F = codex Vindobonensis, supp. phil. Gr. 39 (vormals 55), in der Wiener Nationalbibliothek, XIV. Jahrh.

Nur gelegentlich herangezogen, weil weniger wichtig, sind:

S = codex Venetus 189, saec. XIV

E = codex Venetus 184, saec. XV

e 2 ἤρτηται TWF: εἴρηται Stobaeus, prob. Wilamowitz (Platon II ³39, 3) sed refert quodam errore, ut opinor, ad e 3. *e 4* μὲν TF Stobaeus: om. W. *e 4* αὐτὴ F αὕτη TW. *e 5* ἄλλων TWF: ἄλλος Stobaeus, prob. Wilamowitz (Platon II ³39, 3). *e 5* οἵ τε TWF: om. Stobaeus. *e 7* καλὰ TF. κακά W. *e 8* μελοποιοὶ TWf: μὲν λοιποὶ F Stobaeus. *e 8* ὥσπερ codd.: ὥσπερ γὰρ Wilamowitz (Platon II ³39).

534 a 4 κατεχόμενοι secl. Wilamowitz (Platon II ³40). *a 4* αἱ βάκχαι om. Stobaeus. *a 7* πρὸς TF Stobaeus: παρ' W. *a 7* οἱ ποιηταὶ secl. Wilamowitz (Platon II ³40). *b 1* ἐκ TWF: ἢ ἐκ Stobaeus, prob. Wilamowitz (Platon II ³40, 3). *b 3* πετόμενοι TWf: πετώμενοι F Stobaeus. *b 5* ἔνθεος τε TWf: ἔνθεος F Stobaeus. *b 6* μηκέτι ἐν αὐτῷ TWF: ἐν αὐτῷ μηκέτι Stobaeus. *b 7* καὶ χρησμῳδεῖν secl. Hoenebeck Hissink, prob. Diller (Hermes 83, 179). *b 8* καὶ πολλὰ TW: τε καὶ πολλὰ F: πολλὰ Hoenebeck Hissink, prob. Méridier. *c 2* καλῶς WF: καλὸς T. *d 3* οὕτω TWF: τὰ οὕτω Stobaeus.

535 c 2 οὖσιν TWF: οὖσα S. *c 7* δὲ Müller (1782), prob. Diller (Hermes 83, 179): τε codd. *d 5* φιλίοις TWf: φίλοις F. *536 b 2* αὖ ἠρτημένοι TF: ἀνηρτημένοι W. *b 7* λέγῃς TF: λέγεις W. *c 1* λέγῃς TF: λέγεις W. *d 7* περὶ TW: τι περὶ F. *e 1* λέγει TW: εὖ λέγει F. *e 2* λέγεις Cornarius: λέγει TWF.

537 a 8 αὐτὸς δὲ κλινθῆναι libri Homerici. *a 8* ἐυξέστῳ TWF: ἐυπλέκτῳ S cum plerisque libris Homericis (ἐυξέστου Xen. Conv. 4, 6, qui mox ἐπὶ δίφρου), cf. Labarbe, L'Homère de Platon, 1949, 93 ff. *b 2* τε TW et libri Homerici: δέ F. *b 4* ἂν F suprascr. W et libri Homerici: μή TW (cf. Labarbe 100). *d 1* κατὰ TW: τὰ F.

538 b 4 ἡνίοχος om. F. *b 12* δὴ om. F. *b 13* πιεῖν F. (cf. Rep. 406 a 2): πίνειν TW. *c 3* παρὰ... ὄψον codd.: ἐπὶ δ' ἄλφιτα λευκὰ πάλυνε libri Homerici (cf. Labarbe 102 ff.). *d 1* βυσσὸν F et libri Homerici: βύσσον T: πυθμέν' W et in marg. t (cf. Labarbe 109 f.). *d 1* ἵκανεν codd.: ὄρουσεν libri Homerici (of Labarbe 110 ff.). *d 2* ἐμμεμαυῖα codd.: ἐμβεβαυῖα libri Homerici (cf. Labarbe 112 ff.). *d 3* μετ' codd.: ἐπ' libri

Homerici (cf. Labarbe 116 ff.). *d 3* πῆμα TWf: κῆρα FS et libri Homerici (cf. Labarbe 118 ff.). *e 6* ἃ om T.

539 a 1 δαιμόνιοι codd.: ἃ δειλοί libri Homerici (cf. Labarbe 124 ff.). *a 2* γυῖα codd.: γοῦνα libri Homerici (cf. Labarbe 126 ff.). *a 3* δέδηε W: δὲ δὴ (ἐδεδάκρυνται) F: δέδηαι T. *a 3* post παρειαί in libris Homericis hic versus αἵματι δ' ἐρράδαται τοῖχοι καλαί τε μεσόδμαι. *b 2* prius καί om. F. *c 5* ἐνὶ κάββαλ᾽ F: ἐνὶ κάμβαλ᾽ F et plerique libri Homerici: ἐνκάμβαλ᾽ W: ἐγκάββαλ᾽ T (sed prius λ puncto del.), cf. Labarbe 132 ff. *d 1* πέτετο libri Homerici: πέτατο FW (sed suprascr. ἐπα): ἔπετο Tf: *e 7* ἅπαντα TWf: οὐ πάντα F.

540 b 8 ἀλλὰ ὁ W: ἄλλο F: ἀλλὰ καὶ ὁ T et in marg. f. *c 1* κάμνοντος F: κάμνοντι TWf. *d 5* ἂν Sydenham: ἄρ᾽ W: ἄρ᾽ T: om. F. *e 1* ἠρόμην TW (sed ἠ in ras. T et W?): ἐροίμην F. *e 3* ἀπεκρίνω F: ἀπεκρίνου TW. *e 7* τὰ om. W. *e 8* ἀγαθός secl. Schanz, prob. Diller (Hermes 83, 173).

541 a 7 μὴν F: μὲν TW. *a 7* σοι TW: σοι εἶναι F. *b 7* στρατηγὸς TW: στρατηγὸς ὢν F. *e 6* πάλαι TW: πολλὰ F. *542 b 1* σώκρατες TW: σώκρατες θεῖος F. *b 3* ἡμῖν TF: ἡμῶν W.

Ausgaben

C. F. Hermann, Leipzig (Teubner) Bd. III 1851.

M. Schanz, Leipzig 1885.

J. Burnet, Oxford Bd. III 1903.

G. Stock, The Ion of Plato with introduction and notes, Oxford 1909.

J. D. G. Bacca, Platon, Banquete, Ion, Mexico 1944 (mit interessanter Einleitung).

L. Méridier, Paris 1949, ³1956 (Collection Budé).

U. Albini, Platone, Ione, Florenz 1954 (mit Einleitung und Kommentar).

V. Costa, Platone, Ione, Syrakus 1958 (mit ital. Übersetzung und Anmerkungen).

teles, Rhet. 1403 b 26) oder derjenige Glaukon, den Aristoteles, Poetik 1461 b 1 im Zusammenhang mit Dichtererklärungen erwähnt.

532 e 8 „Polygnot": berühmter Maler, dessen Blütezeit in das 2. Viertel des 5. Jahrhunderts fällt. Zur Erwähnung dieses und der folgenden Künstler vgl. B. Schweitzer, Platon und die bildende Kunst der Griechen, Tübingen 1953, 24 ff.

533 a 7 „Daidalos": mythischer Bildhauer, der als Erfinder der ausschreitenden Standbilder und zahlreicher Werkzeuge galt (Vater des Ikaros). Von Platon mehrfach erwähnt.

533 b 1 „Epeios": mythischer Erbauer des trojanischen Pferdes. Von Platon noch öfter erwähnt.

533 b 1 „Theodoros": Bildhauer, um 600. Soll mit seinem Vater zuerst die Kunst geübt haben, Bildsäulen in Metall zu gießen.

533 b–c: Mythische Vertreter in den musischen Künsten (Aulosspiel, Gesang zur Kithara, Kitharaspiel, Rhapsoden-kunst) werden dem Ion entgegengestellt. Die Argumentation ist so gestrafft, daß die musischen Künste zusammen als ein Fachbereich erscheinen. Streng genommen ist der Kenner z. B. des Aulosspiels zu einem Urteil über den Rhapsoden natürlich nicht befähigt. Die Kithara – nicht identisch mit unserer Zither – ist ein Saiteninstrument mit kastenförmigem (nicht wie bei der Lyra gerundetem) Schallkörper. Der Aulos – meist unrichtig durch „Flöte" wiedergegeben – ist ein Doppelrohrblattinstrument, eher unserer Oboe vergleichbar.

533 d 3 „Euripides": Oineus, Frgm. 567 Nauck².

533 e 8 „Korybantentänzer": Die Teilnehmer an den korybantischen Riten (im Dienste der Kybele) gerieten durch Tänze, die von einer bestimmten Melodie begleitet waren, in den Zustand enthusiastischer Verzückung. Vgl. Euthydem 277 de u. ö. Dazu: J. M. Linforth, The Corybantic Rites in Plato, Univ. of. Calif. publ. in class. phil. 13, 1946, 121 ff.

534 d 5: „Tynnichos": ein uns sonst unbekannter Dichter. Aischylos soll, von den delphischen Priestern aufgefordert, einen Päan zu dichten, unter Hinweis auf den besten Päan, den des Tynnichos, abgelehnt haben (Porph., De abstin. 2, 1).

535 b 3–6: Vgl. Odyssee 22, 1ff.

535 b 5–6; Vgl Ilias 22, 312ff.

535 b 6 „Andromache": Vgl. Ilias 6, 370ff.

535 b 7: Vgl Ilias 22, 405ff. Zu Priamos vgl. Ilias 24, 188ff.

537 a 8–B 5 = Ilias 23, 335–340.

538 c 2–3 = Ilias 11, 639–640.

538 d 1–3 = Ilias 24, 80–82.

539 a 1–b 1 = Odyssee 20, 351–353; 355–357.

539 b 4–d 1 = Ilias 12, 200–207.

541 c 3–6: Ephesos war seit dem Beginn der sizilischen Ex-
pedition nur 394–392 unter der Botmäßigkeit Athens. Da es
sich hier offenbar um eine aktuelle Anspielung handelt, liegt
darin ein Hinweis auf die Abfassungszeit des Ion (ca. 394 oder
etwas später).

541 c 7 Über „Apollodor" ist Näheres nicht bekannt.

541 d 1 „Phanosthenes" wurde 408/7 in Athen zum Strategen gewählt.

541 d 1 „Herakleides": Eine Inschrift, die die Verleihung der
Proxenie durch die Athener zum Inhalt hat, ist 1887 gefunden
worden (IG II 5, 5c). Von dem Dekret, das die Verleihung
des Bürgerrechtes enthält, ist auf dem gleichen Stein nur
der Schluß erhalten, vgl. U. Köhler, Herakleides der Klazo-
menier, Hermes 27, 1892, 68ff. Nach Aristoteles, Athen. Pol.
41, 3 hat Herakleides den Richtersold in der Volksversamm-
lung erhöht. Diese Maßnahme fällt wahrscheinlich in das
Jahr 394. Also ist auch die Erwähnung des Herakleides im
Ion eine aktuelle Anspielung.

541 e 7 „Proteus": Der sich in allerlei Gestalten verwandelnde,
schwer greifbare Meergreis Proteus (Homer, Odyssee 4, 410ff.)
wird von Platon mehrfach zur Charakterisierung des Sophisten
gebraucht (z.B. Euthydem 288 bc, Euthyphron 15 d).

Zu S.42ff.: Goethes Aufsatz ist veranlaßt durch die Vorrede, die
Friedrich Leopold Graf zu Stolberg seiner Platonübersetzung
vorangestellt hatte und über die sich Goethe mehrfach sehr
drastisch äußert. In einem Brief an Schiller vom 21. 11. 1795
nennt er sie „die neueste Sudeley des gräflichen Saalbaders"

www.ingramcontent.com/pod-product-compliance
Lightning Source LLC
Chambersburg PA
CBHW060748100426
42813CB00004B/734